不遗憾的沟通术

[美] 迈克·贝克特尔（Mike Bechtle） 著

潘苏悦 译

机械工业出版社
CHINA MACHINE PRESS

你是否曾经有这样的经历和感受，在结束某次谈话后会开始后悔自己说出的话，抑或是开始思考为什么我当时不换一种说法？我们都有过没有成效的谈话，或者回避真正需要的谈话。如果你想成为一个更好的沟通者，那么机会来了，作者将通过本书告诉你：自信交谈的艺术是可以通过简单、可重复的沟通习惯来获得的。

在这本书里，他将告诉你如何拥抱自己的特质、克服恐惧的感觉、在合适的时间选择合适的词语、替别人和自己说话……

本书提供了在任何情况下都能自信沟通的技巧，让读者们与恐惧和遗憾说"再见"，实现适当、及时和有效的沟通。

北京市版权局著作权合同登记 图字：01-2022-2314 号。

图书在版编目（CIP）数据

不遗憾的沟通术 /（美）迈克·贝克特尔（Mike Bechtle）著；潘苏悦译. — 北京：机械工业出版社，2023.8

书名原文：It's Better to Bite Your Tongue Than Eat Your Words: The No-Regrets Guide to Better Conversations

ISBN 978-7-111-73547-2

Ⅰ.①不… Ⅱ.①迈… ②潘… Ⅲ.①心理交往—通俗读物 Ⅳ.①C912.11-49

中国国家版本馆CIP数据核字（2023）第154142号

机械工业出版社（北京市百万庄大街22号 邮政编码100037）

策划编辑：胡嘉兴　　　　　　责任编辑：胡嘉兴
责任校对：王荣庆　李　婷　　责任印制：任维东
北京中兴印刷有限公司印刷
2023年10月第1版第1次印刷
145mm × 210mm · 7.5印张 · 1插页 · 128千字
标准书号：ISBN 978-7-111-73547-2
定价：55.00元

电话服务　　　　　　　　　　网络服务
客服电话：010-88361066　　机 工 官 网：www.cmpbook.com
　　　　　010-88379833　　机 工 官 博：weibo.com/cmp1952
　　　　　010-68326294　　金 书 网：www.golden-book.com
封底无防伪标均为盗版　　机工教育服务网：www.cmpedu.com

致埃琳娜（Elena）

造物主带着他的目的亲手设计
并创造了你。
当他完成后，他说：
"哇！我做得太好啦！"
你的独一无二令我视你如珍宝。
你带给我极大的快乐，
仅仅因为你是你！

目　录

CONTENTS

不遗憾的沟通术

导　读

做自己的力量

做你自己，别人已有人做。

——奥斯卡·王尔德

这本书写给以下两类人：

1. 那些犹豫着要不要开口表达的人，在大多数谈话之后，他们会想：刚才要是说了就好了。
2. 那些说话不经思考、脱口而出的人，在大多数谈话之后，他们会想：刚刚要是没有说就好了。

你是哪一类人呢？很可能两类都是。我们都曾对该说却没有说或不该说却说了的话感到遗憾。这种情况在你身上发生的次数太多了，令你觉得自己永远都无法改变它。

好消息是：你可以改变。

本书将助你一臂之力。阅读本书，你将学到实用的技巧，建立起谈话的自信。当你说的话可能会有用时，大胆表达，当你说的话可能会伤人时，缄口不言。另外，你还将掌握提升沟通技巧的各种可行方法。

　　我自己也有过这样的经历，深知每次谈话结束时那种遗憾的滋味。我希望能够重新来过，用不同的方式沟通，但沟通不当造成的伤害已经无法弥补。我曾觉得自己没有有效沟通的能力。我似乎天生就缺乏沟通技巧，永远都无法在谈话中找到自在的感觉。

　　但是，这种自在的感觉又的确很吸引我。我想看看是否有改变自己的沟通方式的希望，从那时起，我便踏上了改变之旅。

　　在这段旅程中，我发现我不必改变自己的性格或气质，假扮别人，因为有一系列简单可行的步骤能帮助我成功蜕变。这种成功并非源于追问我到底是谁，因为我就是我。事实证明，恰恰是了解"真正的自己"让我能自信地沟通。

　　你也可以做到。你的独特之处将成为你的"超能力"。你只需完完全全做"自己"就行，而我，将帮助你成为最好的自己。

　　看完本书，你将会拥有"不遗憾"的沟通表达能力！

你的沟通训练计划

　　如果每个人都能时刻看透你的想法，会怎样？

　　我家附近有一个健身房，所有人上健身课时都会佩戴心率监测器，而健身房会提供用于固定心率监测器的胸带。这些仪器能够帮助人们根据自己的年龄和当前的身体状况，在最理想的心率范围内锻炼，实现自己的健身目标。墙上的大屏幕上的图表给出了最佳目标数值，用不同颜色进行了区分，方便大家查看。工作人员还会帮你确定哪个颜色区域是你实现健身目标的最佳选择。

说得更简单些，就是墙上有大型监测器，与大家佩戴的心率监测器无线连接并显示数值。屏幕上的格子代表着每个人，格子的颜色会随着你的运动数值而改变。你可以通过增强或减弱运动强度来改变格子的颜色。你在健身房的任何地方都能看到自己是否处于应在的"区域"内。

这种做法很巧妙、很有帮助，也很公开。你确实可以看到自己的信息，但其他人也可以看到。同理，你也能看到其他人的信息。所以，但凡你有一点点竞争意识，你就很难不去和别人比较。如果别人做得比你好，你要么会受到激励，要么会感到被威胁；而如果你比别人做得好，你可能会一边看着他们一边想，真是些懒虫！

现在，我们脱离健身房的场景，把这个想法应用到人际沟通的场景中去。如果每次谈话或开会的过程中，都有这样一个屏幕，用颜色来编码，展示大家的真实想法或感受，会怎么样？也许，在沟通中，包括你在内的每个人，都在试图让自己看起来很投入，对讨论兴趣盎然，但人们看一眼屏幕，便能了解你的真实想法。

绿色格子：舒适，投入，同意大家的观点。

蓝色格子：厌倦，并不投入。

红色格子：对正在讨论的内容感到强烈反感（但可能不会大声表达出来）。

黄色格子：希望所有人闭嘴，迫不及待地想发表自己的见解。

白色格子：神游中，心已经飞去度假村了。

黑色格子：无法忍受，只想离开。

这是每次谈话的情境。有些人感觉良好，能够轻而易举地参与讨论。但是另一些人要表达时却很费力，他们真的很想说点什么，却缺乏勇气。当他们终于开口时，错误也随之而来，其他人或是不知所云，或是感到被冒犯。谈话结束的十分钟后，他们才想清楚自己应该说什么，以及应该怎么表达。

如果这看起来就像是在描述你，这可能就是你翻开本书的原因。你想要在沟通中找到自信，但似乎缺少一些恰当、有效表达的基础知识。

你希望自己不仅能勉强地应付谈话，而且能出色地应付谈话。你希望能够享受每次谈话的过程，而不用担心给对方留下什么印象。你可以做到吗？当然！我可以向你保证，这比你想象得要简单。你不需要变得更大胆、更外向，或更善于分析、更有逻辑，你不需要变成另外一个人。

成功的秘诀就是完全做自己。

大胆表达还是缄口不言

说到沟通，大多数人会把人分成两类：

1. 消极被动型。
2. 咄咄逼人型。

你可能会说："这样分类不恰当，我不属于两种类型中的任何一种，我刚好处在两者之间。"那么，你可能属于消极被动 – 咄咄逼人型。

其中一类人希望在沟通时富有同情心。他们的关注点在于自己的想法和言语是如何影响别人的，如果他们认为自己可能会伤害到别人，他们往往会克制自己。他们的表达谨慎，因此能迎合听者的需求。他们不想被误解，所以在完全组织好自己的语言之前，一般不会开口。这通常意味着他们可能会缄口不言。

另一类人是在沟通中看起来很自信的人。他们会轻松自如地分享自己的观点，并且认为自己知道该说什么。他们思维敏捷，毫不犹豫地表达自己的想法。如果他们不认同别人的意见，就会直接说出来。他们更关心的是如何表达自己的想法，而不是别人如何接受这些想法。他们待人直率，不留情面，但是可能会伤害到对方，而他们自己都意识不到这一点。

富有同情心的人会说："为什么我不能在适当的时候更自信、更有勇气地说出来呢？"自信的人会说："我说得够清晰、够有条理了，为什么大家就是不听我的呢？"

我们都需要在沟通方面进行提升。如果我们能找到正确的方法，我们就能更有效地与别人沟通。但是每个人都是不同的，我们需要不同的方法。没有"一刀切"的解决方案。

我做得够好吗

当我们在生活中没有得到自己想要的结果时，就很容易自责。

我的体重太重了，因为我不够自律。

我担心得太多了，因为我就是这样的人。

我的房子里、办公室里和车里都很乱，因为我就是一个邋遢的人。

我挣的钱不够多，所以我不如别人有价值。

"我感觉不够好。"我们过去总是试图解决这些问题，但又会回到原来的模式。这种情况发生得越多，我们改变的希望就越渺茫。我们觉得："这就是我，所以我永远都会是这个样子。"

这种思维模式形成后，它会渗透到生活中的方方面面，包括我们的人际关系中。我们试图与他人进行有效沟通，但是不太奏效；也许当我们没有为自己或他人挺身而出的时候，我们会感到沮丧；也许我们觉得自己已经表达清楚了，但是人们就是听不明白。

其他人似乎没有遇到这些问题，所以我们认为问题出在自己身上。每当我们拿自己和别人比较时，都认为自己不如别人。我们觉得是自己做得不够好，并且想知道如何找到解决方案。所以我们去看书、去参加研讨会，以帮助我们弥补沟通方面的短板。但不知为何，做这些事情并没有效果。

我们报名参加各种培训课程，并按照它们说的去做。从课程中学到的知识不起作用的时候，我们认为是自己的错。这些课程对其他人都有用，不是吗？所以问题一定是出在自己身上：我不够努力，或是我不够自律。这强化了我既有的想法——问题出在我身上。我不断陷入一种越来越强烈的不自信感。

我还有希望吗？当然！而且不需要改变你自己。你的独特性不是问题所在，而是解决问题的方案。

为什么你是杰作

我在加利福尼亚州兰开斯特一家酒店的房间里写作。这是一个干净整洁的房间，有床、桌子、电视和微波炉等基础设备。

墙上挂着一幅画，是图形和色块的抽象组合。画很大，外沿的金色画框更大。我认为这是一幅印刷品，上面还罩着一块玻璃。

我不是艺术方面的专家。但我认为好的艺术品应该能激发你的情感。当你看到它的时候，你会被吸引，会与它产生情感上的共鸣。换句话说，它打动了你。

这幅画没有打动我。它绚丽多彩，但我看不懂它在表达什么。我不会有收藏它的冲动。

这引发了我的思考。我不知道自己在各种酒店里度过了多少个夜晚，但数千次肯定有了。豪华酒店、廉价旅馆，各种类型的酒店我都住过。几乎每个房间都有画，但我都没在意。它们没有引起我的注意，也没有令我产生不悦。

我想知道酒店是不是会大批量购买这些画，然后拿来装饰房间，营造出宾至如归的感觉。这些毫无个性的艺术品挂在墙上，不会让任何人感到不适，也不用担心会被人偷走。

如果我把酒店里挂的画拿到艺术博物馆去，挂在博物馆的墙上，它会显得格格不入。但如果只是为了提升房间的氛围感，它就能很好地发挥作用。它让房间变得更舒适。

它是实现了自我价值的"杰作"。

你也是如此。你是独一无二的。你和其他人都不一样。你有你的人生目标，是别人无法完成的。如果你实现了这个目标，你的人生就是"杰作"。

如果你拿自己的人生和别人的人生相比，那你是在试图实现他们的目标，而不是自己的目标。在这种情况下，你可能会觉得自己就像伦勃朗的名作旁的简笔画一般没有了价值。

和别人比较是人类的天性。当我们看到比自己更有吸引力的人时，会不自觉地希望自己能像他们一样。如果他们比我们更聪明或更善于表达，我们就会觉得自己笨嘴拙舌；如果他们比我们更外向，我们就会认为，如果自己也是个外向的人就可以建立更好的人际关系；如果他们比我们更善于思考和反思，我们可能会认为自己的思想不够深刻。不管是什么情形，都会导致我们内心产生痛苦的挣扎，却不知别人其实也在挣扎。

我们经常把别人当作衡量自己的人生价值的标准。就好比猎豹看到鹰从它的头顶飞过时，会感到自卑，因为它觉得自己无法飞翔；如果鹰也拿自己和猎豹比较，它可能也会感到沮丧，因为它在陆地上移动时，没有猎豹那么快。

"这太愚蠢了，"你会说，"鹰之所以如此威猛，是因为它能在空中翱翔；猎豹之所以迅猛，是因为它能快速奔跑。它们只是在做自己，并且做得很好。"

这就是问题的关键。它们不作比较，它们只做自己。它们的价值来自于自身的独特性。这就是本书的基调。你不必努力成为"杰作"，你已经是"杰作"了。你只需要承认这个事实，然后学习怎么做自己。

当你本身就是杰作时，你不必假装比别人更有自信，或是比别人更富有同情心。"你"就是自己成功的秘密武器。

有效沟通的关键

"这听起来不错，"你会说，"但我还没到那一步。即使我相信自己是杰作，这对我的人际关系又有什么影响呢？"

当你的人际关系没有按照自己期望的那样发展时，你会觉得自己需要改变。如果你觉得自己不够好，你会认为每个人都觉得你不够好。如果他们都有这种感觉（事实上几乎没人有这种感觉），你会坚信这一定是真的。所以你会尝试不同的沟通方式：

- 你希望让别人看到你的自信和强大，所以你矫枉过正，试图展现更积极或更自信的一面。
- 你希望别人觉得你很好，所以你变成了一个讨好者。为了不让别人感到失望，你从不分享自己的真实想法，你顺从了别人，抛弃了自己。
- 你看到其他人言辞强硬和咄咄逼人时，会心生厌恶。你不想变成那样，所以你对他人极度友善。
- 你似乎总是在错误的时间用错误的方式说错误的话，这让你感到沮丧。

每当你运用各种沟通技巧却不起作用时，你会感到失望。你想知道："为什么这些技巧在别人那儿很管用，在我这儿就不起作用呢？"

因为你不是别人，你就是你。

唯一行之有效的解决方案就是充分利用你的独特性。解决方案越符合你的独特气质，就越能自然成为你的一部分。从你自身出发，你的解决方案将是完全为你量身打造的。你可以定制一种和你完美契合的方案，而不是用现成的。

有一个好消息是：有效沟通是一种你可以习得的技能。保持真实的自我，可以让沟通成为你的自然技能。因为这种技能不是从外部学来的，而是自然生成的，你将创造属于自己的"窍门和技巧"。

一旦掌握了这个技能，你就不必假装勇敢，你会由内而外产生自信和勇气。你也不必假装富有同情心，你自然而然产生的同情心会让你具有真正的影响力。你还是"你"，但通过掌握一些简单的原则和做法，你可以成为更好的自己。

随着时间的推移，你会在每段关系中逐渐将自信和同情心完美融合。你的独特性会成为你与他人沟通的超能力，你的沟通将变得毫无遗憾。

我们的目标

我们将一起走过这段旅程。我们将通过一系列的步骤来提升沟通技巧。你不会被迫离开你的舒适区，去尝试那些让你觉得不舒服的、有威胁感的事情。我们只需要在边缘地带试探，然后练习一段时间，直到边缘地带成为舒适区的一部分。我们不会匆忙地完成这个过程。这是文火慢炖的佳肴，而不是微波炉加热的快餐。

　　小步骤是大成果的基石。我们永远不可能达到十全十美，但我们总会成长。最终我们会达到这样的状态：我们可以做自己，运用我们的独特性与他人建立良好的关系。我们不会担心别人如何看待我们，我们只是做自己——这就足够了。

　　我们能有什么收获？以下是你在实践后，可能达到的预期效果：

- 你会知道如何在没有压力和畏惧的状态下进行沟通。
- 你将能够在不令人生厌的前提下坚持自我。
- 你会得到应有的尊重，而无须强求。
- 你会知道如何及时做出回应，而不是事后才知道。
- 你可以为那些不能为自己发声的人挺身而出。
- 你将学会如何战斗或如何优雅地避免冲突。
- 你会有效地去对抗。
- 你会知道咄咄逼人和自信满满之间的区别。
- 你会利用好自己的情绪，为建立真诚的人际关系助力。
- 你将学会避免将错误都归咎于自己。
- 你对别人的挑剔和自我批评会减少。
- 你会对别人说一些你以前绝不会说的话。

- 你会成为好的倾听者——这不是为了给人留下深刻印象，而是因为你想理解对方。
- 当谈话结束时，你不会后悔自己说了什么（或没说什么）。

一个重要的视角

我们都想要良好的人际关系，不是吗？你可能正是因为这个原因而选择了本书，这意味着你遇到了一些难题。你尝试与他人沟通，但你遇到了不同的障碍。这些真实存在的障碍，让你感觉难以逾越，阻碍了你与他人建立联系。

本书提供的经验都是关于如何为自己和自己的选择负责的，并不包括改变他人。试图改变他人是徒劳的。我们将要探索的一切都与我们可以控制的事情有关，因为我们无法改变他人。

有很多事情是你无法控制的，如果你试图控制它们，你会有挫败感。在这个过程中，你只需要关注自己是如何思考、回应的，关注你所做的选择。你是独一无二的人，所以你需要一种独特的方法来与他人进行有效沟通。你不需要改变自己的个性或气质，只要尽可能地成为更好的自己。

这将是奇迹发生的地方。你准备好了吗？

两部分大脑的故事

不冒险就没有收获。

——佚名

我们的大脑相当神奇。

大脑的一部分（我们称之为"大脑一区"）负责做决定、解决问题，以及提出有创意的想法。我们上班的时候，用的便是这部分大脑。它负责让我们做出有意识的选择。

大脑的另一部分（我们称之为"大脑二区"）基本上是自动运行的。大脑二区很奇妙，因为它会帮助我们养成陪伴我们一生的日常习惯。

你遇到了必须解决的人际关系问题吗？大脑一区开始行动。你想要改善人生吗？呼叫大脑一区。当我们阅读那些激励我们成长，让我们变得更好的励志书籍时，受到影响的是大脑一区。

大脑一区帮助我们改变，让我们展开想象，帮我们成为更好的自己。

我们来为大脑一区欢呼吧！

相比之下，大脑二区没有那么耀眼，它只是在后台安静地运行，但它对我们的生存至关重要。

当你想要尝试新事物时，大脑一区会跳到你面前，说："我同意，开始行动吧。"因为你尝试的是新事物或者不同的事物，所以你需要有意识地思考和努力。你需要全神贯注，因此大脑一区会全情投入。

而我们做某件事情的次数越多，花费的精力就会越少，它会变成日常惯例。当这件事情逐渐日常化，大脑二区就会出现并说："好了，该我接手了。"这是一件好事，因为如果任何事情都无法成为日常惯例，而你必须不断重新学习的话，那么你就很难想象事情会是什么样子。

还记得你第一次开车去上班的情景吗？你必须打开导航系统，研究每一个转弯，然后弄清楚在哪里停车，从哪里进入大楼，以及如何找到你的办公室。每一步都是有意为之的，需要你集中注意力。而现在，你再也不需要考虑该怎么去自己的办公室了，你只要出发就行。事实上，大多数人都有过这样的经历：我们发现自己到了办公室，却不记得自己是怎么到达的。这就是大脑二区的作用。它帮助我们提前进入工作状态。

培养一个习惯需要 21~66 天。每个习惯都始于大脑一区，但最终会在大脑二区成为"新常态"。

大脑的这两个部分都很重要，因为它们的分工不同。如果我被一只饥饿的老虎追赶，我不会用大脑一区先列出五个最优选择，划分它们的优先顺序，然后再采取行动。我只会撒腿就跑，这是大脑二区在发挥作用。

大脑二区也是我们的舒适区，因为使用它比使用大脑一区花费的精力少。无论老少，大家都喜欢待在自己的舒适区。"学东西"需要努力，而"学会了的东西"则毫不费力。如果我们不去有意识地成长，我们会停留在舒适区。

我们越觉得自己已经了解了生活的规律，掌握了足够的技能，就越会安于现状。我们或许已经学会了足够的生存技能，但这些并不足以让我们变得更好。我们培养了能让自己待在舒适区的日常习惯，并日复一日地遵循着。我们在同一时段吃饭，和家人进行类似的对话，每天晚上收看同样的节目。

若我们生活在不用计划的默认状态下，我们在大脑二区待得越久，就越难回到大脑一区。

我们生来并不是为了一直待在舒适区的，而是要成长、改变并有所作为的。

在我 20 多岁的时候，威尔玛（Wilma）已经 80 多岁了。教会里的每个人都认识她，因为她精力充沛，活力十足。每次看到我，她都想知道我有没有进步。

她会悄悄走到我的身后，拍拍我的肩膀，问："你现在在读什么书？"无论我怎样回答，她都会和我分享她最近读到的最好的书，以及它好在哪里。

"你说过你打算读博，"她会说，"你开始准备了吗？为什么不呢？"或者她会说，"你对你的太太好吗？你最近为她做了什么？"

威尔玛一直在成长，她生活在大脑一区。

我有一个简单的问题要问你：你是正舒适地生活在大脑二区，还是正带着愿景生活在大脑一区？

生活在大脑二区并没有什么问题，我们需要舒适区来休养生息。它是我们为人生旅程奠定基础的"大本营"，是我们恢复勇气、重获力量的地方。它不是我们的着陆点，而是我们的发射台。

是时候在两部分大脑之间切换了吗

如果你一辈子都没有勇气在需要发声的时候开口，那你很难相信自己能这么做。同理，如果你总是在错误的时间说出错误的话，还疑惑人们为什么做出消极的反应，那你会感觉你的沟通能力是与生俱来的，不是你能改变的。

你没有尝试改变，而是学会了适应。你找到了应对不知该说什么或不知该怎么说的尴尬局面的办法，并且接受了自己的失望。也许有人告诉你，你需要"说出自己的想法"，或者告诉你，"你应该外向一些"。你会想：是的，我也想这样做，但说起来容易，做起来很困难，而且意味着我必须变成另一个人。然后你会想：我为什么要去尝试呢？

这就是大脑二区运行时的思维模式。它的工作是让你能够不假思索地做事。大脑二区充满了惯例，且对尝试任何新事物都没有兴趣。

当你有了应对方法，大脑二区说："这是一个很好的应对策略，很有效。我们继续这样做，好吗？"

你拿起本书是因为你不满足于应付和适应，你想改变，想要更有信心地交流。你已经知道这是可以做到的，但这值得你努力吗？你正站在岔路口，一条路（你已经在走的那条路）是平坦、顺利的，大脑二区会是你的向导；另一条路看起来陡峭而崎岖，由大脑一区带路。你应该走哪一条路？

以下是你需要考虑的一些事情：

- 如果你选择和大脑二区一起前行，那你会走得很顺利，但是一切都不会改变。你会继续用现在的沟通策略，继续以你过去学会的方式来解决问题，你无须思考就可以自行处理。

- 如果你想改变，就必须选择和大脑一区一起前行。这可能让你觉得害怕、不知所措，但你不是孤身一人。大脑一区是专家，它对这条路非常了解。

- 和大脑一区一起，你会以新的方式充分激发潜能。你不必做任何自己做不到的事情，你不必改变自己的个性或气质，你可以成为独一无二的自己（这会是你成功的原因）。你不会成为他人，你会变得更像你自己。

- 走大脑一区这条路不需要你有巨大的飞跃，你只需要小步迈进，一步步，最终实现目标。

- 你不会永远停留在大脑一区这条路上。你迈出的每一步都能培养出一项让你感到舒适的小技能。当这种情况发生时，你就会回到大脑二区，这个小技能会成为你的"新常态"。

那么，哪个大脑区域更好呢？两个大脑区域都好。关键是要在两个大脑区域之间不断切换。我们用大脑一区实现突破自我，学习新事物。这就像是我们去五金店买一个新工具，一旦我们尝试用几次，了解了它的工作原理，我们就把它收在大脑二区的工具箱里，这样在需要的时候就可以拿出来用。

迈出一小步，获得大成就

每当我们在重大事项上遭遇失败时，就会感觉痛苦。我们本能地认为："我很受伤，我再也不会这么做了"。失败就像是一种阻碍成长的疫苗。躲避痛苦是很正常的，但当我们这样做的时候，我们也避开了进步和成功。

人们往往会在培养沟通能力的过程中，尝试一下子做出巨大的改变。他们会想：好吧，我要变得更自信，下次遇到高难度谈话时，不管别人怎么看，我要强迫自己说出我的想法。这样做通常都会令人感到痛苦，以至于在未来很长一段时间内他们都不会再尝试改变。

有一个更好的选择是只迈出一步，你可以在一个你与对方持不同意见的对话中试试看，无须大张旗鼓，只需要简短地陈述你的观点。如果你保持沉默，人们会认为你和大多数人的观点是一致的。

如果人们在谈论他们想看什么电影，并倾向于去看你不太感兴趣的电影时，即使你已往习惯于随大流，但这次你可以说："我对那部电影确实不感兴趣。如果你们都决定去看那部电影，为了能和你们在一起，我会去看，即使我并不喜欢。"

这也许是一个软弱的回应，因为你屈服了。但在这个阶段，你尝试表达了自己的偏好，说了一些以往你说不出口的话，而且你挺过来了。下次再遇到类似情况时，你会发现再次说出来会更容易。当大家讨论一起去哪个地方时，一定要说出你的建议，让它成为其中一个选项。没人能确定你们最终会去哪儿，但你至少开口表达自己的想法了。

你很快会发现，用这种方式表达你的想法使你感到舒服，你会意识到你已经把这种技能转移到了大脑二区。有了这个基础，你就可以迈出下一步，然后重复这个过程。不用着急，因为你走的每一步都会推动你前进。

飞行是我这一生想学的技能，因为我是个超级航空迷。我从来没有驾驶过飞机，主要是因为驾驶飞机太难了，犯错的后果也会让人感到不安。我曾和每天都飞行的飞行员聊天，对经常飞行的他们来说，驾驶飞机是大脑二区的日常惯例。因为他们的飞行经验丰富，飞行的时候也很自在，出现紧急情况时，他们可以立即切换到大脑一区。

这些飞行员在第一次进入驾驶舱时都不知道该如何操作。这是一个十分复杂的过程，使他们当时认为可能要花很长时间才能学会驾驶飞机。学飞行可能看起来很难，会促使他们选择放弃。但因为他们对于飞行的渴望足够强烈，所以他们不断地练习，磨炼技能，直到驾驶飞机成为他们的日常惯例。

学飞行的第一步通常是与教练一起乘坐小型飞机试飞。教练驾驶飞机，学员坐在一旁观看并提出问题。在我还很年轻的时候，为了体验驾驶飞机的感觉，我也试飞过几次。当飞机到达飞行高度并平飞时，教练会让我控制一会儿，并向我展示一些非常简单的飞行动作，这些动作会对我们的飞行产生一些轻微的影响。我会想：好吧，我能做到，我不是在驾驶飞机，只是在尝试做一些非常简单的动作。多年以后，我仍然清楚地记得当时的感觉。

我没有继续学飞行，是因为我意识到在大脑二区启动之前，大脑一区需要做很多工作。

你在任何领域的成长方式都是这样：从迈出一小步开始，持续练习，直到你习得的技能成为你的习惯。

值得为这场旅程付出努力

大多数人都觉得自己的沟通风格是与生俱来的，就像是基因中的一部分。你现在可能还将信将疑，无法想象自己可以在每次沟通中都充满自信。

你需要知道的是：有效沟通是一种可以习得的技能。当你开始尝试并逐渐掌握它时，你对于迈出下一步就会更有信心。你会发现，当你的技能工具箱里有更多的工具时，你的沟通会变得更容易，你的信心也会增强。

你准备好踏上培养自信沟通技巧的道路了吗？让我们一起开始这段旅程吧。

不遗憾的沟通术

第一部分

相关谈话的案例

几年前，我向一位值得信赖的同事征求意见。我问他：“我想成为一个更好的人，我可以为此做点什么？”

他的回答是：“你应该再长高一点。”

他在开玩笑（我是这么想的）。我俩都知道我没法改变自己的身高，所以我也没多想。同样的，我也没法改变我的出生地、父母，以及上周做过的事情。这些事可能会困扰我，但它们都是过去时了。

试图改变过去是徒劳的。

但是，在有些事情上我可以做出改变：

- 我在哪里工作。
- 我在哪里生活。
- 我选择谁做我的朋友。
- 我吃什么。
- 我上网浏览什么。
- 我看电视的时长。
- 我说些什么。

你已习惯于这种模式，所以你可能不相信自己能够控制这些事情。你知道为了保持健康应该多吃蔬菜，却发现自己正用手指蘸罐子里的焦糖酱吃。如果有人令你感到沮丧，你可能会试图保持沉默，但讽刺的话却脱口而出。

你的沟通方式属于哪一类？也许多年来你一直在交谈时犹犹豫豫，难以自信地与他人沟通。你的大脑在交谈结束后会运转得更好。或者，当你说话的时候，你会觉得自己是个透明人，没人在听你讲话。这种情况已经持续了很长时间，使你开始相信：我不擅长沟通，我永远都改变不了。因为觉得自己无法改变，所以你放弃了。你认为自己属于"我就是这样的"一类人。

但是你选择了阅读本书，这意味着你还有希望。你在内心深处觉得自己是有可能改变的。你认为自己可以做一些事情来提高自己的沟通能力。

好消息是，确实是这样。不管你的能力多么有限，有效沟通是人人都能学会的技巧。你不必成为一个与众不同的人，你只需学习适合你的新技巧。

更好的消息是，有效沟通不仅关乎让你在交谈中感到自信，还关乎用你的话语改变世界。沟通不仅是信息的交换，而且是把这些话语当作影响他人和社会的有力工具，在世界留下"印记"。

在我们磨炼技巧之前，需要关注两点：你想达成什么目标，以及为什么要达成这个目标。

你为什么想要改善沟通技巧？

你想要如何改变你的世界？

如果你成为一个更好的沟通者，你的境况会发生怎样的改变？

你将影响谁？

如果你不踏上这段成长之旅，会发生什么？

在这一部分，我们将了解为什么既自信又有同情心的沟通很重要：自信让你在必要的时候表达自我，同情心让你能够根据听众的需要仔细选择言语。我们将发现你的独特之处，并分析阻碍你前进的因素。你独特的气质将是成功的基础，因为这是只有你才能完成的事情，其他人都做不了。我们还将学到，深切的关怀之心如何能让你冒着风险，自信地去对抗。

当你了解了"为什么"既自信又富有同情心的沟通很重要时，你就准备好制定"怎么做"的方案了。

准备好做出改变了吗？那就翻到下一页吧。

第1章 留下印记

如果你觉得自己微不足道，无法改变世界，

想想睡觉时耳边那只嗡嗡作响的蚊子。

——非洲谚语

你有没有觉得自己被忽视了？有没有觉得自己能提供的价值比人们所认为的更多？

你想影响别人，但没人对你说的话感兴趣。

你直抒己见，但人们会觉得被冒犯或感到不适。

当你说话时，人们会礼貌地倾听，然后就没有然后了。

你梦想着改变世界，但你甚至无法影响身边的人。

你感觉自己是个无关紧要的人，因为你说的话似乎从未对别人产生影响。

这些想法令人气馁和沮丧，你感到无助和绝望，认为自己无能。你的自尊感不断减少，很难保持积极上进。如果没人倾听你说话，你就认为自己不值得被倾听。

现今是一个有趣的时代，尤其表现在沟通方面。从来没有发言权的人突然发现自己有机会以新的方式表达自己，而那些一直觉得自己可以流畅表达的人却不知道该说些什么了。

这对每个人来说都是一场新的游戏，游戏的规则正在改变，社交媒体已经成为表达个人观点的平台。人们发表自己的想法，这样他们就可以被听到；其他人做出回应，这样他们也可以被听到。每个人都想被听到，于是大家的声音越来越大。

每个人都在说话，但好像没人在聆听。这就像我们要求孩子做一些事，如果他们没有反应，我们就会提高嗓门；如果他们仍然没有反应，我们就会随着情绪的高涨继续提高嗓门。

前几天我浏览社交媒体时突然想到，它可能是一本关于无效沟通的"教科书"。如果你想学习如何在这个世界有所作为，或许你可以仔细研究一下社交媒体，然后反其道而行之。

当你在社交媒体上读到某人言辞激烈的帖子时，会马上因此而改变对某个话题的看法吗？应该不会。表达增多而无人倾听时就会这样。人们想要产生影响，但结果却适得其反。某人言辞激烈或者大量发帖，却没有有价值的内容，于是便通过提高嗓门来引起别人的注意，但当听者意识到这个人没说有价值的内容时，就不会再关注他。

人们可能会对争议的问题更感兴趣，更热衷于在社交媒体上发声，但这并不意味着他们的沟通是有效的。他们往往会加入"发声大军"，觉得自己是在"添砖加瓦"，而实际上这可能在削弱自己的影响力。这就像是往尼亚加拉大瀑布里吐口水，还疑惑为什么没人关注他吐的口水。

那么，如何才能在沟通时产生真正的影响呢？你需要增重。

你有多少分量

这里谈论的增重，指的并不是增加体重，而是增加你的价值。你能提供的价值越大，你就越容易得到关注。

这就是脑外科医生比医院实习生赚钱更多的原因。他们非常有价值，做出了很大的贡献。前者在教育、时间和经验方面都付出了更多，使人们愿意为他们的医术支付高额费用。

假设你从十楼扔下一个乒乓球，扔到了楼下的草坪上，它会造成多深的凹痕呢？并不会很深。你可能都不知道乒乓球扔到了哪里。

现在，假设你从十楼扔出一个保龄球，你能告诉我球会落在哪里吗？绝对可以。因为保龄球更重，所以冲击力也更大。

让我们置身商业环境再来看这个问题。你工作了很长时间，但是一直没有升职。别人得到了升职的机会，而你却总是被忽视。你对老板说：“我需要升职加薪。”你认为自己在公司工作了这么长时间，应该得到更多的报酬。经理对此却有不同的看法。他们根据员工解决业务问题所带来的价值支付报酬。如果员工没有为公司带来更多的价值，除了简单的基本工资，经理不愿意给他们额外加薪。如果员工主动培养和提高工作技能，提供了更具创造性的解决方案，做出了更大的贡献，并且积极参与其中，那么经理就有充分的理由给他们加薪。

如果你想在工作中获得关注，最简单的方法就是增加你的价值，变得“更有分量”。不要要求加薪，而要增加自身的价值，这样你就能产生更大的影响力。

这同样适用于人际关系，以及生活中的方方面面。你的嗓门越大，影响就越小；你说的话越有深度，别人就越能听进去。

我发表了一篇题为《如何成为思想领袖》的文章，因为我注意到很多人写书或写文章，在个人信息中称自己为“思想领袖"，找到一个不自称思想领袖的人比找到这样做的人还要难。

通常，我们认为思想领袖是那些有独到见解的知名人士。他们的观点与大多数人的观点不同，他们说的话为其他人提供了新的思路。

因此，我决定做一个非正式的研究，看看如果有人想成为真正的思想领袖，他们应该做些什么。我从在谷歌上搜索"如何成为思想领袖"开始，找到了几十篇文章、博文和相关书籍，它们的内容几乎是换汤不换药的，比如都用了《如何在三十天内成为思想领袖》或《成为思想领袖的九个简单步骤》之类的标题。

从标题来看似乎我们很容易成为思想领袖，我读了其中一些这样的文章，内容包括：

- 为社交媒体制定一个清晰的策略。
- 展示人们所犯的错误，并给出解决方案。
- 让你的内容有趣。
- 回答人们在网上提出的问题。
- 与专家交谈，并向他们学习。
- 为专家做演讲，让他们注意到你。
- 找到你的受众。
- 深入研究某个小众领域。

- 根据受众的需求搭建你的知识框架。

- 向媒体推荐自己。

- 引用别人说过的话，并附上自己的评论。

这些建议本身并不差，但我研究的每一份资料都缺少一样东西。任何一篇文章或资料中都不见其踪影，但它却是成为思想领袖的关键，没有它，其他建议都没用。它至关重要，却经常被忽视。

它是什么？要成为思想领袖，你必须做的最重要的一件事是什么？

你必须思考。

是的，真正的思想领袖因为有想法而成为思想领袖，而想法来自于认真思考。

这是我最喜欢的演讲主题，因为它非常简单，但对人们来说却很有意义。在这个社会，每个人都在设法展示自己，并引起别人的注意，没有人愿意花时间和精力去深入思考，并将思考当作一种生活方式。空闲的时候，戴上耳机，刷刷朋友圈，这对我们来说会简单得多。但是，为深入思考留出时间，我们才能获得有价值的内容。

换句话说，如果你真的想为别人带去价值并在这个世界上留下印记，这是最好的方法。

你的"增重"饮食

我听一位营养学家说过，人的餐盘里应该有多种颜色的食物，这很重要，因为这能为我们提供身体所需的各种营养。我们的健康会受到饮食（以及其他因素）的影响。

同样地，我们的态度和信念也来自于我们输入到头脑中的各种信息，即我们所思考的东西。我们的想法来自于我们接收的信息：我们看什么、我们听什么，以及我们读什么。这些输入是我们构建思维模式的原料，是我们用来评价生活的过滤器。

如果我们的脑海中总是充斥着新闻里糟糕的信息，如果我们和消极的人待在一起，如果我们阅读那些令人感到沮丧的内容，我们就会对周围的世界感到悲观。我们会感到恐惧和焦虑，成为他人言行的受害者。如果我们接收到的信息总是有害的，我们就永远不会有动机去做出改变。我们对别人的影响会像寒冷的早晨呼出的白气一样，慢慢消失。

这就解释了为什么有意识地对待你接收的信息很重要。你想做出什么样的改变？你想如何影响他人？从你想要的结果开始吧，然后确定你的"饮食"是什么。

如果我想烤一个好吃的芝士蛋糕，我会按照食谱，用鸡蛋、糖、奶油和其他食材。但如果我决定加一小撮土，那么没人会想要这个芝士蛋糕。我用什么原料，直接决定了我能做出什么样的蛋糕。

想要有影响他人的能力，我们就要有意识地对待自己关注的事情。这些"原料"直接决定了我们所产生的影响力。在我们的精神橱柜中存入各种各样的原料也很重要，我们拥有的经验类型越多，在提出自己的观点时就越有创造力。

大约在 30 年前，我开始四处旅行并在各种组织的研讨会上授课，大到《财富》世界 100 强公司，小到"夫妻店"。我每天都在这些组织内部与不同的人交流。在旅途中，我也与空姐、司机、餐厅员工和其他人交流。在那段时间里，我准备演讲稿、写书、写文章时，我的大脑里有源源不断的想法和真实的例子可以采用。

5 年前，我的工作有变动，出差变少了，我更多的时间是居家办公并与客户互动，指导他们。我仍然与人交谈，但我失去了面对面交谈的机会。久而久之，我发现我没有东西可写了。当我只是坐在沙发上胡思乱想时，我很难写出有影响力的东西。

去年，我又开始借着演讲、人际关系指导和各种会议与客户见面，我的灵感又回来了。我的经历越丰富，谈话内容就越多样，我就有越多的素材可以利用。现在，我可以用更有创意的想法连贯地写作，影响更多的人。也可以说是，我增了点"重"。

充实我们的橱柜

在这种情况下，我发现有三样原料可以帮助我们"增重"：时间、意图和弹性。我们来逐一进行分析。

时间

当我的孩子学会开车时，我希望他们尽快发生第一次（轻微的、没人受伤的）事故。他们其实是好司机，也了解交通规则，但事故很快就发生了。

我的女儿在高速公路上追尾了一辆车，撞掉了那车的保险杠；我的儿子因为看漂亮女孩分心，结果撞到了前面的车。

他们的开车经验还不丰富，还没有"马路智慧"。发生这种事故会使他们成为更好的司机。正如我们所了解的，多年的驾驶经验才能真正磨炼我们的驾驶本领。

同样地，创造有影响力的人生也不是一下子就能实现的，这需要时间。"重量"来自于一天天积累的经验，人应在困境中成长。

我曾经听一位演讲者说过："不要期望一个人在 35 岁前有任何价值。"我不完全赞同他说的，可能每个人的情况并不一样。但 35 岁对我来说是一个转折点。在 35 岁之前，我觉得我还处在成长和学习的阶段。在 35 岁之后，我意识到我可以开始以一种全新的方式为他人做出重要贡献。我讲的话开始对其他人产生影响。

提升你的话语的影响力没有捷径可言。如果我们试图缩短这个过程，就相当于拔苗助长。速成方案并不能产生高质量的结果。

意图

作家兼演说家约翰·麦克斯韦尔（John Maxwell）写过一本书，叫《转败为胜》（*Failing Forward*），书中讲到：我们从错误中获得的成长是最多的。如果我们避免犯错，我们就错过了成长。因此，我们的目标就是尽可能多地体验失败，这意味着我们有成长的意图。

我的朋友戴夫（Dave）一直在制定远大目标，但他因为害怕失败而迟迟不愿去实现。去年他和我一起参加了一个会议，会上一位演讲者谈到他是多么感激自己的失败。如今，戴夫说他有了一个新目标："今年我要在四件大事上尝尝失败的滋味。"

这就是有意图的成长。"增重"不是偶然发生的，它是在我们做出选择和承担风险让生活变得更好的过程中发生的。

弹性

弹性可以被定义为成功应对危机并"迅速恢复到危机前的状态"的能力，它与失败直接相关。它并不意味着你被打倒却不会受到伤害，它只是意味着我们很快就能重新站起来。因为我们会有意识地选择不犯错误和失败，所以我们需要时间来适应这种弹性模式，在错误和失败中学习，一点点成长，然后继续前进。

人生不易，我们每天都要面对挑战。许多人会因此变得冷酷麻木、愤世嫉俗，觉得自己拿到的是一手烂牌。

但既然你在读这本书，我就知道你不一样。你可能面临着类似的挑战，但你试图把它们变成你成功的垫脚石。当人们看到你和他们面临同样的挑战却有不同的反应时，他们会注意到你。你会成为一盏明灯，帮助他们用新的有效的方式去思考和行动。

增重的步骤

你希望与他人的交流变得简单自然吗？试试通过以下简单的步骤来提升你的沟通技巧吧：

- 就今天而言，你不用担心你的言语能否产生巨大影响。选择一件你可以为别人做的简单的事情，丰富他们的生活。无论你在哪里，无论你拥有什么，无论你和谁在一起，用你的言语影响世界吧。
- 今天试试冒险吧。选择一件你不确定是否会成功的事情，然后不计后果地去做。失败亦在所不惜。如果失败了，那就庆祝一下，因为你成长了。
- 今天遭遇困难时，不要止步不前。直面它，然后继续前进。

如果你觉得人们忽视了你，不要等着他们做出改变，自己首先要做出改变。增加一些"重量"，你会引起他们的注意的！

第2章 是什么让你缄口不言

直言不讳胜过默默愤恨。

——佚名

那天，就在我要超车的时候，一辆白色小货车冲进了我的车道。在它突然转向另一条车道前，我及时踩了刹车以防相撞。这辆小货车高速行驶，并在两条车道间反复切换，一会儿走左车道，一会儿走右车道。我观察了几分钟后，脑海中浮现出"醉驾"这个词。

我可以为此做点什么呢？我知道我应该在这辆车造成事故前报警。但随后我的脑海里又闪过了无数借口。

我离得太远，看不清车牌号。

我不确定这是什么车。

这辆车还在行驶，警察可能找不到它。

可能是我想错了，那个司机只是分心了。

我不想开车的时候打电话。

肯定会有其他人打电话报警的。

我不想牵扯进去。

你可能会想：你当然应该报警，因为这可能会酿成悲剧，报警是理所当然的。你觉得任何人遇见这样的事都不可能不报警。

或者你可能会想：我希望有勇气说出来，但我也知道我会把这件事留给其他人去做。

你会怎么做？

我们都遇到过这样的情况，我们觉得有必要大声说出来，但就是做不到：

- 一个刚学会走路的孩子在长途飞行中总是踢你的椅背。你很生气，但又不想在众目睽睽之下争吵，所以你只能默默忍受。

- 在黑暗的电影院里，电影开始时，坐在你前面的三个少年在聊天。十分钟过去了，他们还是没有静下来。你不想给人留下脾气暴躁的印象，所以你挪到了另一边，希望别人会出面制止。

- 餐厅的服务员态度不好，食物也不好吃。但你不想成为一个抱怨的人，所以你什么都不说，只是默默离开，然后在网上给这家餐厅差评。

- 在节日聚会上，一位远亲举止不当，你想说点什么。你曾试着大声说出来，但你的语言组织得不好，让你显得思维混乱又情绪化。

在以上这些情境中，有一个相同的思路：其他人会怎么看你。我们的行为会受到他人想法的影响，所以我们缄口不言。每次发生这种事，我们都会想：我怎么了？我希望我能在需要发声的时候大声说出来，而不是保持沉默。一丝内疚感油然而生，这是我们多次经历过的。

你是否有过这样的经历：你真的很想说出来，但又害怕给人留下不顾及他人的印象？你是否曾在谈话中口无遮拦，事后又希望能收回这些话？我们每个人都会有这样的时刻，因为我们是人，人无完人。

你可能是那种为了得到他人的回应而咄咄逼人的人。你有过没人听你说话的经历，知道强硬一些可以引起人们的注意。从他们的反应中你知道自己和他们疏远了。但是，采用这种方法确实能得到他人的回应。对方会听你说话，但你们之间不会建立深厚的交情。平时你可能感受不到，但当你失意时，淡薄的人情就会显现出来，那时你会悔不当初。怎样才能在顾及他人情感的同时，自信地说出自己的想法呢？

我们将在另一章中讨论自信，学习如何通过推进谈话而不是阻碍谈话的方式表达你的想法。现在，让我们来探索那些阻碍我们说话的因素。当我们确实应该发声的时候，是什么让我们沉默？

缄口不言的理由

五年级的时候，我是最后一个被选去参加踢球比赛的球员。每支球队的"队长"轮流喊出他们想要的球员的名字，剩下的人越来越少，直到除了我所有人都被选完。

这已经够糟糕了。但后来两边的队长都想把我"让"给对方。一方说："他归你们了。"而另一方说："不，没关系，你带走他吧。"我不记得比赛中发生了什么，但我对自己是否要加入大联盟比赛产生了怀疑。

没有人喜欢被人嫌弃。事实上，避免被人嫌弃似乎是大脑的本能反应。一项研究表明，被人嫌弃和身体疼痛在大脑中的表现形式是相同的。这就解释了为什么这两种情况对我们造成的"伤害"相当。如果我们在被人嫌弃或是身体疼痛时服用非处方止痛药，确实会感觉舒服一点。

你装修过房间吗？你做过演讲吗？你为别人做过饭吗？如果有 20 个人给了你正向积极的反馈，还有 1 个人批评了你，你记得最久的会是哪个反馈？没错，就是那个负面消极的反馈。这似乎不合情理，但我们的大脑会绕开积极的东西，去关注消极的东西。不知为何，消极的东西带来的糟糕的感觉比积极的事情带来的良好的感觉更深刻。

假设你去热带地区度假，在那里度过了一段美妙的时光。每天早上，你在酒店的阳台上放松身心，一边喝着咖啡或茶，一边眺望大海，白天的远足令你充满活力。你忘了工作和生活中的压力，放空大脑，不再让它超负荷运转。

有一天凌晨 3 点，火警警报响起，酒店顾客都被疏散了。你穿上浴袍，跑到楼下，和其他客人一起聚集在草坪上，消防队则要仔细检查整幢大楼，以确保安全。两小时后，你可以回到自己的房间了。

当你回到家，你会告诉人们哪个故事：在阳台上放松还是被迫疏散？通常，在我们的脑海中留下深刻印象的都是那些充满戏剧性的事件。

被人嫌弃也是这样。我们清晰地记得他人的言行对自己的伤害，所以会下意识地避免当下或未来受到伤害。经验告诉我们，我们说的话可能会招来痛苦，所以我们避免说出自己的想法（或者我们在失望沮丧时口无遮拦，事后又后悔）。

下面是我们害怕沟通的一些原因：

- 我们担心被人嫌弃。如果有人不喜欢我们说的话，我们可能会想当然地认为他们不同意我们的观点，觉得我们愚蠢或不重要。这个险不值得冒，所以我们选择保持沉默。
- 我们害怕人们的情绪。如果我们过去见过某个人抒击别人，面对这个人时，我们会避免挑起事端，这样他就不会抨击我们。我们对愤怒或威胁感到不适，不知道该如何回应，所以我们要确保它们不会出现。

- 我们没有信心有效地表达自己的想法。我们会觉得，如果有时间仔细思考，我们就可以提出自己的观点，但这种情况在谈话中很少发生。在别人离开后，我们会想出最适合说的话（这可能是因为我们内向，在表达之前需要时间来组织语言）。

- 我们希望能取悦他人。长期以来，我们形成了一种模式，就是从他人的反应中寻找自己的价值。这意味着我们每次和他人交流时都必须精心设计对话，好让他们喜欢我们，因为这和我们的自我价值息息相关。我们学会了避开任何会让别人对我们产生负面看法的事情。

- 在公共场合中，我们感觉每个人都在听我们说话，都在批判我们。在一对一的谈话中被人嫌弃，已经够糟糕了。当我们面对一个群体时，承担的就不仅仅是被一个人嫌弃的风险了，他人对我们的负面看法会在整个群体中传播开，使其影响力倍增。

这些问题都有一个共性：我们希望人们接受我们，善待我们。如果人们不这样做，我们会很受伤，所以我们会做任何需要我们做的事情来确保人们对我们有正面的看法。

如何得到他人的善待

人们都相信解决问题要从对方下手，如果对方没有像我们希望的那样对待我们，我们就会拼命想办法让他们改变。也许为了不给对方留下批判的把柄，我们在有话要说的那一刻选择了沉默。也许当我们想说"不"的时候，却说了"好"。也许我们会试着告诉对方哪里做得不对，这样他们就会改变做事方式。无论如何，我们都希望他们做出改变。

改变自己已经够难了，我们又凭什么认为自己能够改变他人？这令人感到沮丧，因为感觉我们就像是受害者，总是受困于他人的言行。

幸运的是，有一种简单的方法可以增加你得到他人善待的可能性。这个方法基于一条黄金法则：你希望他人怎么对待你，你就怎么对待他人。我们将它分为两个基本方面：

1. 我们如何对待他人。

2. 我们如何回应他人对待我们的方式。

现在我们来分别探讨以上两方面的应用。

我们如何对待他人

我们可以用我们的待人方式，来让他人懂得该如何对待我们。他人可能已经形成了一种与人交往的模式，但并不意味着这个模式是唯一的选择。无论如何，我们无法保证他人会如何回应，如果以他人如何回应作为衡量谈话成功与否的标准，我们会感到沮丧。我们无法控制他人对待我们的方式，但可以通过我们对待他们的方式来影响他们：

- 当我们尊重他人时，他们也更有可能尊重我们。
- 当我们无视他人时，他们往往也会无视我们。
- 当我们不断表达对他人的失望时，他们可能也会对我们感到失望。
- 当我们向他人示好时，他们可能也会这样做。
- 当我们把全部注意力都放到他人身上时，他们可能会去效仿。

当人们看到一个行为发生时，他们有了一个"自己也可以这么做"的模板。对于大多数人来说，这是在不知不觉的情况下发生的。

记住，我们无法改变别人，我们只能改变自己。这意味

第 2 章　是什么让你缄口不言

着我们要善待他人，而这样做并不是为了操控他们。换句话说，我们会活得更真实，而不是做不真实的自己。

我们如何回应他人对待我们的方式

杰莉琳（Jerilynn）四个月前开始工作。一开始，她的老板会带着需要她"马上"就做的事情来找她。每件事情都很急迫，使她感到不知所措。她很珍惜这份工作，也想给人留下好印象，所以她觉得不可以推迟或者拒绝完成这些任务。无论她多么努力，都还是手忙脚乱。为了赶上工作进度，她每天都在办公桌前吃午饭。

她的邻桌琳恩（Lynne）似乎从不着急。她会在需要的时候休息，准时下班，每天早上都以轻松的姿态出现。一开始，杰莉琳觉得琳恩有特殊待遇，因为她并不像自己这么努力。

有一天，杰莉琳无意中听到琳恩和老板的谈话。"午饭前我需要你完成这个任务，"老板说，"这很重要。"

琳恩的回答让杰莉琳大吃一惊。"嗯，我很乐意这么做，完全没有问题。不过我需要您的帮助。今天早上您已经让我做另外三个任务了，我要花费一上午的时间才能完成。我很乐意做新任务，但其他的事就要晚点才能做完。您希望我推迟哪一个呢？"

051

琳恩并没有拒绝老板，但也没有完全按照老板的意思接下每个任务。她尊重老板，然后根据工作情况请求老板的协助。而老板尊重她的质疑，并帮助她筛选其他任务，之后他在把任务交给琳恩之前，会给任务排优先级。他们的工作关系建立在开放式的沟通和相互尊重的基础之上。

人们会根据我们对他们的回应来学习如何对待我们。我们希望他人怎么对待我们，就以这种方式对待他人，这会让我们从充当受害者转向去和他人建立健康的关系。我们回应的方式会对他们的行为产生影响。

这种方式总是有效吗？当然不是。有些人多年来一直处于无效的沟通模式中，所做的一切努力似乎都无济于事。似乎无论我们做什么，他人都不会做出改变。

这正是问题的关键，试图强迫他人做出改变并不是解决办法。我们最应该做的就是改变自己对待他人的方式，并改变对于他人对待我们的方式的回应。我们将在后面进行更深入的探讨，但这些都是基于我们能做的事情，而不是期待别人做出改变。

弄清楚什么是你能控制的，什么是你不能控制的。当你把注意力集中在你能控制的事情（你的态度和你的选择）上时，你一定能收获平和与理智。当你把注意力集中在你无法控制的事情上时，你的感受就会受别人影响。

践行黄金法则

改变我们对待他人的方式并不难，只需要两个简单的步骤：

1. 想想你希望别人怎么对待你。
2. 像你希望的那样对待别人。

留意你与他人的谈话。每次谈话的时候，问问自己：我希望这个人如何对待我？

- 如果你希望收银员认真对待你，你应该对他们微笑并感谢他们所做的一切。
- 如果你希望在社交活动中有人主动和你交谈，你就先主动去和别人交谈。
- 如果你想和同事成为朋友，你就主动去关心他们。
- 如果你想让十几岁的孩子听你的话，那就先了解他们的需求，不要试图先纠正什么。

你只需要用真诚的态度去和他们接触，然后看看会发生什么。这么做可能会改变一切，也可能只是改变了你自己，这难道不是一个好的开始吗？

第3章 你的气质就是你的超能力

永远不要尝试教猪唱歌，你在浪费时间，还惹恼了猪。

——罗伯特·海因莱因

现在是清晨 5:15，外面一片漆黑，万籁俱寂。我跟一个客户约了早上见面，车程要两小时，所以我决定先喝一杯咖啡。

我推开了一家咖啡店的门。刚进门，我就听到另一头传来喊声："早上好，先生！很高兴一大早就见到您。天呐，您起得真早！今天过得怎么样？"

我是个习惯早起的人，每天都起得很早，期待着黎明前的宁静。关键就在于宁静。慢悠悠地开始新的一天，在世界苏醒之前，感受宁静，没有什么能比这更美好了。这使我情绪饱满，一天都充满活力。

听到精力充沛的咖啡店员声音洪亮、中气十足的问候，就像半夜听到卧室里的烟雾报警器响起来一样。他吸引了我的注意力，但我掉转头准备往外走了。

他的职责是激励他人、制作咖啡，助力客人们开启新的一天。我相信他的本意是好的，他能被聘用可能也是因为他的活力和热情，但这让我觉得心烦。

在你的周围有没有早起型人，他们往往看起来有一点……高兴过头了？有些人早上感觉很好，比较聒噪，但这是天生的，他们会兴致高昂地开始新的一天，对早起感到兴奋，并想和全世界的人分享自己的兴奋。

其实还有很多人喜欢早晨，只不过他们是安安静静地喜欢。早起后，随着时间流逝，他们会渐入佳境，通常在午餐前的工作效率最高，达到他们的"甜蜜点"。他们通常在早上处于谈话的最佳状态。在晚上，他们可能难以清醒地思考，会打磕巴。他们也想顺畅沟通，但精力已经耗光了。

"夜猫子"呢？他们看世界的角度完全不同。他们觉得早起的人错过了一天中最美好的时光——深夜时光，他们无法想象在日出时起床是什么感觉（或者为什么有人想要那么早起床）。

我的儿子蒂姆（Tim）是个夜猫子。他小时候总是睡不醒，我们必须得喊他起床，晚上他又不愿意早点上床睡觉。他喜欢夜晚的时光，越晚越好。我一直想和儿子一起起床看日出或去远足，但他早上没有我这种兴致，这让我很失望。

随着夜幕的降临，他自然而然就进入了最佳状态，这是他最喜欢的时光。现在，他经营着一家连锁餐厅，通常要在早上5点或6点前上班才能保证餐厅能准时开门，他也已经习惯了，但他爱晚睡的基因没变。

在孩子们十几岁的时候，我们全家去夏威夷度假。我和喜欢早起的女儿萨拉（Sara）会在起床后带着咖啡或果汁去海边，坐在那里看日出。而蒂姆想睡懒觉，我们叫醒他的时候，他很暴躁。我们去吃早餐时，他一言不发，几乎什么也不吃，无精打采地坐在那里，也不与人交谈。

我还以为这是他处在十几岁这个年龄段的关系。我对他的不合作的态度感到担心，觉得他粗鲁又叛逆。我为我们之间的关系发愁，我试着与他沟通，但毫无用处。

我试着"纠正"他，但没有用。

有一天早上，他鼓足了勇气，抬起头直视我的眼睛，说："给我两个小时。这两个小时内别跟我说话。我们会相安无事的。"然后我们就这么做了。

让一个早起型人和一个夜猫子坐在一起吃早餐，你会看到一段滑稽的对话。早起型人精力充沛，而夜猫子很难跟上对方的节奏。到了晚上，同样的场景再现了，只不过两人互换了角色。

有些东西是与生俱来的，无法改变

那天，我从蒂姆那里领悟到了很多关于沟通的道理。

我知道自己是如何看待这个世界的，我觉得如果其他人也拥有我相同的视角，那么他们也会像我一样喜欢这个世界。在内心深处，我想让每个人都跟我用一样的方式看待生活。我想：如果他们知道自己错过了什么，他们就会想要改变，这会让大家更开心。

以前我觉得改变别人是我的责任，但他们并不需要改变。

当然，我们所有人都可以在某些方面做得更好。我们会成长和发展，会挑战自己的思维模式。但我们的基本气质是与生俱来的。试图改变基本气质，就像试图把树变成大象，很明显这是不可能做到的，我们也不会去尝试，但我们却认为其他人是可以改变的。

我们可以改变自己的选择，但改变不了我们的基因。如果我们的幸福取决于使他人和我们趋于一致，我们会很沮丧。同样，如果我们认为需要变得像别人一样才觉得满足，那么幸福将永远遥不可及。

我们来看看内向的人和外向的人对于谈话的感受。内向的人常常希望他们能像外向的人一样喜欢交际，能快速组织语言，感觉自己现在说话的样子"还远远不够好"。他们不由自主地想：我怎么回事？外向的人往往思维敏捷，反应迅速，可能意识不到自己说了无礼或令人尴尬的话。他们常常不能理解为什么内向的人不多说一点话，他们会想：这些人怎么回事？

内向的人不一定害羞（内向和害羞是两个概念），但他们往往倾向于"内部处理"，他们接收到信息后，在做出回应之前需要时间来思考；外向的人倾向于"外部处理"，他们通过与他人交谈来形成自己的想法，所以他们通常看起来很自信。

内向的人的思考更加深入，外向的人的思考更加迅速。内向的人和外向的人聊某个话题的时候，他可能会因为一时想不出最好的回应而感到沮丧。内向的人会想出该怎么回应，但不是在当时，而是在事后。

那么，内向的人和外向的人哪个更好呢？夜猫子和早起型人哪个更好呢？还有其他不同特质的人，哪个更好呢？

我们自带的特质，就是最好的。当我们与他人比较，希望自己变得更像他们那样时，我们会陷入困境。如果特质是我们与生俱来的，那么就别指望它能改变。

关键是要认识到什么是我们能改变的，什么是我们无法改变的。这个过程有两个步骤：

1. 找出我们无法改变的地方，然后接纳并利用好本真的自己。

2. 找出我们可以改变的地方，然后开始我们的成长之旅。

你的特质是你与生俱来的"超能力"。当你不再希望拥有别人的特质，完全接受自己的特质并将其当作发展的基础时，你会迅速地成长。正如牧师兼作家约翰·奥特伯格（John Ortberg）所说，你变成了"你自己"。他认为这就像翻新一件旧家具，你不是要把它改造成不同的东西，而是让它尽可能呈现出自己最好的样子。

我们需要成为研究自己的学者。

做自己有一个好处：我们会处于放松状态。试图去改变天生的特质会耗费大量精力，因为它无法改变。一旦我们认识到自己是谁，能成为什么样的人，我们所有的精力都会投入成长中。我们在做可能的事，而不是不可能的事。

特质如何影响沟通

在一般情况下，内向的人在谈话中缺乏勇气，而外向的人则缺乏同情心。当然，每个人都是不同的。内向的人会怯场，不敢说出他们真正想说和该说的话；外向的人通常很乐意表达自己的想法，但有时考虑不到这些话会对周围的人会产生怎样的影响。

这就像夜猫子和早起型人。我和我的太太大约每个月会和另外两对夫妇聚一次，各家轮流提供场地。我们是好朋友，聚会通常以"一起读书"为由头。我们在下午 6 点左右吃晚饭，然后讨论我们阅读的内容，直到晚上 9 点左右。我们会分享彼此的想法，并讨论如何能将它们应用到我们的日常生活中，这样做的感觉很棒。

然而，他们大多是夜猫子，但我从晚上 8 点左右开始就无法很好地组织语言了。我表面上在专心倾听，但其实已经没有精力了。这种时候，我常常为自己没有参与到谈话中而感到内疚，尤其是当外向的朋友说："迈克，你都没怎么说话，你对此有什么看法？"而我总是说："明天早上你再问我吧，我会让你知道我的看法的。"日子久了，我们了解了彼此，可以接受对方做自己（有几次我们一大早就聚在一起，看到彼此角色对换真是太棒了）。

无论我们是什么样的人，我们都可以学会自信并富有同情心地与人沟通。对我来说，自信地交谈从来都不是一件容易的事，但在早上做这件事总比在深夜做这件事容易得多。但如果对方是个夜猫子，我会选择在下午进行谈话，因为这段时间我们的状态都还可以。

我们怎样才能学会让别人做真实的自己呢？有三个方面需要考虑。

第一，我们要认识到他们并没有"错"，只是与我们不同。有人说："如果两个人长得一模一样，那么其中一个人就是多余的。"没有必要变成另一个人，每个人都是独一无二的。

第二，我们不要试图"纠正"他们。我的一个（夜猫子）朋友说："如果人们必须在早上起床的话，那么他们可能会想睡在面包机里。"我们无法改变别人，但我们可以选择如何回应他们。如果我们因为别人而生气，我们的一整天可能都被毁了，我们的情绪被控制了。对于别人的行为，最好是只观察而不内化。正如甲壳虫乐队唱的那样："顺其自然吧。"

第三，我们要诚实，也要友善。当有人比我们的精力更旺盛时，我们很容易产生挫败感。我们想说："你能不能冷静点？你快把我逼疯了！"（但这可能会令对方感到不愉快。）相反，我们可以选择一个真诚的回答，并且有风度地说出来。

有天清早，我看到一个夜猫子和一个特别健谈的人在聊天。在某一刻，他举起手来示意，好像在说："等等。"然后他继续说："嘿，我得告诉你，你现在很健谈，但我不是。

请你把谈话节奏放慢一点。大清早，我的思路还不太清晰。但如果你晚一点再跟我聊，那我的状态会更好。"

你的镜片是你自己的，不是别人的

我们每个人都有一副眼镜，透过它，我们可以观察和解读世界。它由两个要素构成：与生俱来的特质和我们的生活经历。这副眼镜决定了我们看东西的清晰度。我们不会停下来看看各自的镜片是否不同，只是想当然地认为自己看到的便是准确的。

如果你和我的意见不一致，而我确信自己是对的，我就觉得我需要更清楚地表明我的看法。你也会做同样的事情。为什么？因为我们有不同的镜片，这使得我们对同一件事的看法也有不同。如果我们都想说服对方表明自己的看法才是正确的，那只会让镜片模糊。历史、背景、文化、经历和视角形成了我们的镜片，对我们所看到的东西进行了过滤。镜片的清晰度对沟通来说很重要，但也不是说只要镜片清晰就够了。

成为好的沟通者的第一步是要认识到你并不是我。我不会试图改变你，而会鼓励你向我展示你所看到的东西。当我以这种方式开始谈话时，你会受到鼓舞，你也会这样做。当我们透过彼此的视角看对方时，就会建立起信任。

那我们要怎么做呢？我们要倾听。

当我们这样看待谈话时，它就不再是谁对谁错的问题了。若我们试图让对方以我们的方式看待问题，沟通就会中断。谈话时肯定有机会让我们清晰地表达自己的想法，但它会出现在后期，而不是在一开始的时候。这样我们能够了解和接受每个人的独特想法，而不是批判对方。谈话成了我们学习和理解的工具，成了让我们更富勇气和同情心的工具。倾听可以使谈话更顺畅，促成真诚的沟通。

故事的结局

我和儿子在夏威夷交谈之后，过了几年，他送给我一份不同寻常的父亲节礼物。他买了电影票，说要带我去看午夜场。我说："嘿！我认为送礼物应该送对方真正想要的！午夜场电影？你知道我会睡着的！"

"睡个午觉吧，"他说，"这样你就不会困了。"

我并不期待看这场电影，但他真心想让我去，所以我睡了个午觉。

那是一部动作片，使我可以从头到尾都处于清醒的状态。大约深夜两点，我们走出了电影院。看这场电影的人不多，所以当时街上只有我们两个人。

四周一片寂静，感觉太棒了。这种感觉和我在黎明起床时的感觉一模一样。

他静静地站了一会儿，凝视着黑暗中的寂静，好像要把这一切都尽收眼底。

"这就是我的世界，"他说，"我想带你来看看。"

我看到了他的世界，也感受到了这个世界。我很喜欢他和我分享这一切。

好的沟通就是这么开始的：放弃我们的执念，迈入对方的世界。

第4章 对抗，而非冲突

确保船上的每个人都在划船，

而不是趁你不备在船上挖洞。

——佚名

昨天，我看了一位知名记者的谈话视频片段，她以对抗性风格著称。视频里她正在采访一位和她意见相左的专家，她试图通过逻辑和辩论来推翻专家的观点。专家对自己的立场充满信心，似乎并没有被她的态度吓退。专家给人的印象是冷静又恭敬的，而那位记者则显得愤怒和强势，她会打断专家，用猛烈的指责攻击他，想推翻他的观点。

专家没有让步，也没有畏惧，而是严谨地做出回应，不带一点恶意。很显然，这名记者在使用一种成熟的对抗方法，她曾用这种方法"赢得"争论。虽然她并不擅长所讨论的话题，但她有出色的辩论技巧。多年的采访让她学会了一种可以让人们在说话或陈述观点时变得磕磕巴巴的方法，这样他们就会显得笨拙无能且信心不足。但这一次，她的技巧不足以让她在辩论中占上风。

我们都看过这类采访，如果我们站在记者那边，我们就喜欢看到他们让采访对象难堪。如果我们站在被采访者那边，当他们说错话时，我们会替他们感到窘迫；当他们坚持己见时，我们会为他们欢呼。在这种情况下，有些人乐于和对方针锋相对，但大多数人认为自己永远无法对抗这样的人。即使我们很清楚自己的立场，我们也害怕有人歪曲事实，令自己看起来很愚蠢，害怕自己不知道该如何回应。

这是我们在人际关系中避免对抗的最大原因之一。我们担心，如果迫使伴侣、十几岁的孩子、朋友或同事正视某个问题，会演变成一场激烈的谈话，让人感到不安，我们不知道该如何回应，这种感觉就像是拿着水枪去枪战。如果可以用保持沉默来避免引发高难度的对话，有哪个人会选择对抗呢？

想要发展好的人际关系的人。

带着关怀的对抗，威力十足

我们必须重新定义"对抗"一词。

如果我们能将"对抗"从激烈的辩论这一范畴中抽离出来，看到这一过程的价值，我们就可能会将其视为谈话工具箱中非常重要的工具。

　　对抗就像是电动工具，它们很有用，但如果使用不当，就会造成巨大的损害。这就是为什么电动工具的说明书总是有好几页安全说明的原因。安全说明包括如果使用不当会造成"身体伤害"和"死亡"等条目。我们购买工具是为了它的功能，但也要认识到掌握正确的使用方法并穿戴防护装备的重要性。

　　我在字典里查了一下"对抗"这个词，发现它的定义是："直面带着敌意或争辩意图的人。"这就像一个入侵者在黑暗中闯入你家时，你必须采取行动保护家人和财产。这太可怕了，你其实不想这么做，但躲在黑暗里不作为的后果比冒险对抗更加严重。你会和入侵者对抗，因为你必须这么做。

　　如果我们只把对抗和敌对或争辩联系起来，就会认为它是令人感到消极和痛苦的，就会想要避开它。我们天生就想避免痛苦，所以我们会对其不予理会，希望事情会随着时间的推移而向好的方向发展。

　　然后我接着读下去，发现了"对抗"的另一种定义："正视或处理难题。"如果没有认识到这第二重定义，我们会把每次对抗都看作是难熬的媒体采访，而不是发展和加强人际关系的一种方式。如果我们不去处理严重的问题，它们就会隐匿发展，未来它们再次出现时，只会比以前更严重。

这就像你因为害怕医生可能会发现你得病而逃避体检一样。也许你的症状和病人在确诊前的症状类似，你知道他们不得不经历痛苦的治疗。如果我们只关注痛苦，我们就会逃避这个问题；如果我们专注于治疗，我们会更愿意向医生寻求帮助。外科医生"对抗"这个问题，不是因为他们想伤害你，而是因为他们可以消除更危险的状况。

在恋爱关系中，我们往往会避免对抗，原因有很多。

1. 我们害怕被拒绝。如果对方生气或拒绝我们，对我们之间的关系造成不可挽回的伤害怎么办？我们觉得不值得冒这个险。

2. 我们曾经有过不好的对抗体验。我们已经感受过这些对抗所带来的痛苦，不想再次感受那种痛苦。

3. 我们不想伤害对方的感情。我们非常在乎对方，看到对方痛苦会让我们不舒服，尤其是当这种痛苦是由我们造成的时候。

4. 对方可能会令我们感到失望，或者做一些我们不希望他们做的事情。但这并不是那么的重要，何必去挑起事端呢？

5. 我们还不完全清楚自己的观点。我们知道自己很失望，而且这个问题很严重，需要解决，但是还没有想清楚自己的立场。

有些人避免对抗，是因为他们害怕对抗会让他们成为令人讨厌的人。如果想要在适当的情况下安全地使用"对抗"这种工具，拥有正确的心态至关重要。我们的目标不是成为令人讨厌的人，而是为了培养对抗的技巧，以便有效地使用它。

对抗不适用于每一个与我们意见相左或惹我们生气的人。我们需要挑选对抗的对象，比如：

我们非常在乎的人，如生活中的朋友；

与我们关系密切的人，如我们的伴侣和家庭成员；

我们要对他们负责的人，如我们的孩子或员工。

本书不会教大家为了跟人争论而培养辩论技巧或学习如何争辩。我们关注的是日常生活中遇到的那些值得我们付出努力去沟通的人。我们的目标是使我们的关系更加牢固，而不是拥有熟练驳斥别人观点的技巧，让我们在辩论中"获胜"。

对抗不是首选的方案，小问题也用不到它。只有当一般的解决方案无法解决问题，而这个问题又十分重要的时候，才需要用到它。

思维模式：强有力的对抗的基础

只有在正确的情况下，出于正确的原因，以正确的方式去对抗，对抗才有价值（在之后的章节中，我们将讨论对抗的细节，这样你就可以精准地练习，充满勇气又不失优雅地去对抗）。学会对抗，要从你自己开始，而不是从别人开始。这意味着你在试图影响他人之前，对自己的观点要有清晰的认识，先处理好自己的想法。

培养正确的思维模式需要考虑三个方面：

1. 检查你的动机。
2. 尽早行动。
3. 建立信任。

检查你的动机

你需要与他人对抗的原因有很多。也许是因为你看到了他们的选择对自己和他人产生的影响，你觉得需要做些什么。当你产生了强烈的情绪时，你很容易忽视自己的真实动机。要兼具感性和理性往往很难，情绪越强烈，你就越难客观地看待正在发生的事情。

下面这些问题可以帮助你确定自己的思维模式是否

正确：

- 我是对抗他们的最佳人选吗？
- 我真正希望看到的结果是什么？
- 我是否带着可能被我忽视的潜在情绪，比如愤怒或伤心，从而影响我的判断？
- 在内心深处，我是否希望他们感觉受到了惩罚，并为他们的所作所为承担后果？
- 我是不是一直在和其他人谈论他们，以争取这些人对我的立场的支持？
- 我能确信自己是对的，他们是错的吗？
- 在展示自己的观点之前，我能试着听听他们的观点吗？
- 听了他们说的话之后，我是否愿意改变自己的观点？
- 如果一切都没有改变，我会有什么感觉？

简而言之，你在和任何人对抗之前，都应花点时间分析一下自己的动机和感受。诚实面对自己的动机，你会感到更自信，因为你在进行真诚的谈话，而不是在操纵谈话。

尽早行动

面对任何令你感到不适的情况，采取行动的最佳时机就是它第一次出现的时候。我们习惯于试着等一等，希望情况有所好转，但就像单个癌细胞一样，一旦进入人体，它几乎不会保持休眠状态。我们拖得越久，情况就会越糟。

前几天我读到一则新闻，有位美国中西部乡村的牧场主养了数百头奶牛。奶牛们在广阔的牧场上自由漫步，看上去过着相当舒适的生活。

一年中的某些时候，牧场会迎来暴风雨。暴风雨来得非常猛，而且移动速度非常缓慢，持续约五分钟。奶牛们不喜欢这些短时暴风雨，所以它们本能地试图逃离。

问题是，奶牛跑不快。事实上，它们的移动速度与暴风雨的移动速度相同。所以它们是在跟着暴风雨跑，被淋湿的时间也更长了。如果它们只是待在一个地方面对暴风雨，暴风雨带来的痛苦很快就会消失。但它们试图躲避，结果被淋湿的痛苦持续得更久了。

人际关系就是这样。有些事情让我们感到不舒服，需要我们去解决，但我们并不想去面对。我们推迟对这些事情的讨论。我们拖延，希望情况会好转。但我们拖得越久，问题就会变得越严重、越糟糕。推迟高难度谈话反而让我们不舒服的时间更久了，我们就像想要躲避暴风雨却跟着它跑的牛。

即使这让人不舒服，我们也需要在棘手的问题刚出现时就处理它。如果我们一直等下去，情况会变得更糟，问题会越来越多。

培养一种思维模式，即问题出现时，你愿意马上进行高难度谈话。如果你尽早行动，就能解决问题，你就不会随着时间的推移而感到挫败，这将是一场带着关怀的对抗。你等得越久，谈话就越艰难。高难度谈话需要时间，但不进行的话，这个问题会花费你更多的时间。

建立信任

对讲机里传来飞行员的声音："女士们、先生们，我是机长。现在向大家宣布一则通知，有好消息也有坏消息。坏消息是，如果您向外看机舱的右侧，会发现有个引擎着火了。如果您看机舱的左侧，会发现另一个引擎也着火了。我们还失去了雷达信号，无法与地面通信，燃料也快没了。"

他接着说："好消息是，我们马上就要到达目的地了。"

你是否在工作中遇到过这样的人：不管当前形势有多么糟糕，他们都能给出积极的解读？他们这么做可能是因为他们想鼓励周围的人，认为坏消息会让大家气馁。但效果通常适得其反。如果你知道事情比他们说的更糟，会认为他们在隐瞒真相。当这种情况发生时，信任就遭到了破坏。没有了信任，也就失去了建立关系的基础。

当婚姻中的一方以这种方式处理财务问题时，就会发生这种情况，另一方说：“我们有钱买这个吗？它在打折。”管理财务的一方不想让对方失望，所以回答道：“当然，买吧。”但当这种情况反复发生时，他们很快就会面临账户透支的风险，双方之间的信任度也会降低。

如果你信任某人，你就会相信他，宁愿从他那里知道真相，即使他在某些事情上并不顺着你；如果你不信任某人，你会避免和他谈话，因为你不确定他的动机。

如果你和谈话的另一方之间的信任度较低，当你需要和他对抗时，你会处于明显的劣势。如果有可能的话，你可以先改善你们之间的关系，与对方建立信任，这样对方会更容易接受你的“对抗”。

建立信任的最简单的方法

建立信任需要时间，这不是一朝一夕的事情，而是由一件件体现出对方值得信任的小事累积起来的。一个人做的值得信赖的事情越多，他获得的信任就越多。正是这样一以贯之的行为才会让别人甘愿冒险信任你。从某种意义上说，他们是在测试你的行为，看看你的这种行为只是一场表演，还是能经得住时间的考验。

信任的摧毁只在一瞬间，而重建却需要漫长的时间。据说至少要有五次让人觉得可靠的行为才能弥补一次失信的行为。

建立信任最好的方法之一就是倾听，不要试图打断或控制谈话。倾听是为了理解对方的观点。如果你以真诚的态度倾听，那么对方会深受影响，因为他们很少被人倾听。这是让对方敞开心扉的最快途径。作家戴维·奥格斯伯格（David Augsburger）说过："被倾听和被爱是如此的相似，对于普通人来说，它们几乎难以区分。"

· · ·

在这一部分，我们一直在探索进行富有勇气和同情心的谈话所必需的思维模式。拥有明智的思维模式是成功的基础，需要我们运用正确的工具和技巧。现在，让我们进入下一段旅程吧。

不遗憾的
沟通术

第二部分
成为一个独具
慧眼的沟通者

　　我是一个处于康复状态的完美主义者。我曾经认为完美主义是件好事，但是后来我意识到它会让我患上拖延症。在确认不会失败之前，我不会去尝试新事物，我总是会先去阅读大量的文章和书籍，观看许多视频。我不能接受失败，做事必须尽善尽美。如同我的太太所说的那样，确保完美的唯一方法是"一直研究下去，直到地老天荒"。

　　这就意味着我很少能做完一件事。当我偶尔尝试完成一件事的时候，如果在过程中遇到问题，我会再去看一些视频来解决问题。我会为我的拖延辩解：我需要把事情做到完美，我还没完全准备好。

　　小时候，我想学打保龄球。所以我读了和保龄球有关的书，趁家里没人的时候在客厅练习动作。最终当我来到保龄球馆的时候，我并没有表现得很完美，所以我放弃了。与此同时，我意识到，这一小时学到的保龄球知识比我从所有的准备工作中学到的更多。

　　年轻的时候，人们偶尔会邀请我一起打高尔夫。在应邀去打球前，我读了《高尔夫新手指南》。我以为自己会在首秀中表现出色，但是事实并非如此。后来我到了一个真正的球场，在那里，对其他人来说，我把球往哪里打，哪里就是最安全的地方。

如果家里有东西需要维修的话，我会买本书看。我不会只看如何修理漏水的水龙头，我会从头开始了解水龙头的历史以及它们的演变进程。我认为对水龙头了解得越多，越有可能把它修好。我还会了解各种不同类型的扳手，以及哪种最适合用来修水龙头。

通常，我的方法是有效的，但是我花了六个星期才让水龙头不漏水。

后来我遇到了我的岳父。如果他家的水龙头漏水，他会关掉水龙头，拿起他能找到的最近的扳手开始修理。然后他会拆下水龙头，看看问题是否明显。然后去五金店买好需要的东西。一个小时后，水龙头就被他修好了。这可能不是教科书式的流程，因为当我还在寻找有关修理水龙头的文章的时候，他就已经解决了漏水的问题。

他经常对我处理事情的方式表示不赞同。他们家的人喜欢滑水，希望我能学会这项运动。当他们策划我的第一次滑水之行时，他说："现在不要去找有关滑水的书。我打算把你从船尾推下去，你最好抓紧绳子！而且要用两只手抓紧，这样滑水时你就没法看书了。"

如今，我在尝试新事物方面有了进步。据我了解，阅读和行动对于解决问题都需要，并且一起使用时效果最好。就像我的朋友杰夫（Jeff）说的："行动才会让一切变得清晰。"弄清楚如何做某事的最好方法是"现在就开始做"。以往我可能会通过读书来了解大致情况，但现在我很快就开始行动了。只有当我陷入困境时，我才会在网上查找资料，研究解决问题的方案。这种研究随需要而来，而不是先需要而行。

这是我在这一部分要讲的方法。我会着眼于如何自信和富有同情心地进行沟通，然后试着去做。你学习后的第一次沟通可能会遇到一些意想不到的挑战。以下是阅读这一部分内容的最佳方式：

1. 快速通读这部分内容，了解如何进行有效的沟通。

2. 和别人交谈时，在交谈中尝试使用你学到的东西。

3. 当你在培养技能时，酌情重读这部分内容。

就是这样。先行动，然后再研究。

你不会变得完美，但你会发现自己的沟通技巧提高了，处理高难度对话的信心也增强了。

你准备好了吗？

第5章　我一定要变得令人讨厌吗

一旦你开始不喜欢某人，

那么他做的任何事都会让你恼火。

——佚名

有一天，我作为观察员参加了两家公司的视频会议。一家公司要求另一家公司介绍他们的服务项目，以便决定是否合作。大约有12个人参加了这场计划时长为90分钟的会议。

在一轮介绍结束之后，有个人开始通过演示概述他们提供的服务项目。她优雅而热情，大家仿佛置身于现场课堂。

会议进行了大约十分钟，有位男士打断了她。"很抱歉打断了你，"他说，"但你一会儿能不能给我一份会议议程，告诉我接下来我们要做什么？看起来你在教我们一些东西，这很好。但你的讲解会持续多久？接下来要展示给我们的是什么内容？"他接着说，"我只是需要明确这是否值得我花时间。"

你可以感觉到会议室的空气凝固了，可以看到每个人脸上震惊的表情，尤其是他的同事们。有那么几秒钟，没有人知道该如何回答，因为他们不习惯有人如此直接地说出他们的想法。

假设你也在会上，你会认为他粗鲁甚至傲慢吗？你希望自己也能这么直接地说出感受吗？也许两者都有一点？

我承认我的心情很复杂。我的第一反应是，"他真是个自私的坏蛋。难道他没有意识到自己多么不尊重演讲者，与同事们格格不入，并强行操纵了会议吗？"我立刻就不想再理他了，并断定自己不喜欢他，不想和他共事。但我内心深处暗暗佩服他能简单明了地说出自己的想法，我想我永远也做不到。我希望我能更轻易地畅所欲言，不必为了避免冒犯别人而如此小心翼翼。有很多次，我想说点什么，但又说不出口。在这些情况下，我的沉默给人的感觉是接受和赞同，但事实恰恰相反。

真正的自信的价值

上一章提到的那位记者，她的技能已经发展到可以控制几乎所有谈话的方向的程度。不管我是否同意她的观点，我都对她印象深刻。这就像是看一个本垒打冠军打棒球，看一个有天赋的艺术家画画，或阅读文学大师写的东西。我知道她花了很多年的时间来磨炼她的技能，我被她的专业性深深吸引了。

她的业务能力很好，技能娴熟。在谈话的过程中，她粗鲁、令人讨厌。我虽然钦佩她的能力，但我不想像她那样。

她擅长恐吓，让人看起来比实际情况糟糕；她咄咄逼人且强势有力，这使得电视节目变得有看头，但我们大多数人都不愿意成为她的谈话对象，我们也不想成为她。

为什么？因为大多数人都想和别人保持良好的关系，而不是被别人吓倒。我们希望别人喜欢我们，我们也想喜欢别人。我们希望能够调整自己的沟通技巧，这样，在适当的时候我们就有更多的勇气说出来。

有很多关于"自信训练"的课程和书籍，人们利用它们来建立自信。这对很多人来说是可怕的，因为它们认为为了让人们显得自信，人们需要变得更令人恼火、更强硬有力。虽然人们在内心深处觉得自己是友善的人，但人们相信成功的唯一途径就是表现得更强硬。

也许你希望有一种方法，可以使自己在不被人讨厌的情况下建立自信；也许你注意到人们对你的话有防御性的反应，你想要学习如何更敏锐地察觉到自己的言语给对方造成的影响。幸运的是，这正是我们要做的。为了做到这一点，我们需要区分什么是自信，什么是咄咄逼人。我们要做的是，不论你生来是什么样的人，都可以让自信成为可能。

理解自信

要理解自信和咄咄逼人之间的区别，最简单的方法就是加入第三个要素：消极被动。我们把它们放在一个连续统上。

搭船	掌舵	翻船
（消极被动）	（自信）	（咄咄逼人）

想象一下，一群人租了一艘船在海上待几个小时。他们坚定地认为这将是一次有趣的短途航行，他们把船驶离码头。没有负责人，驶向哪里也没有计划。有个人握着方向盘，开始掌舵。

在离海岸几千米远的地方，引擎停止了运转。船离岸前没人检查过燃油，油箱是空的。现在是中午，所以他们不担心会"在海上迷路"。但有一个问题，肯定是大家关注的，就是现在需要一个解决方案，可是因为离海岸太远了，所有人的手机都没有信号，所以他们没办法求援。

有人说，当你面对危机时，你会失去保持良好形象的能力，"真实的你"会显露出来。这正是这次短途航行的情况。

翻船

有些人对正在发生的事情感到愤怒和不安，他们立即开始责怪别人，认为是别人导致这种情况的发生。他们只关心自己的感受，而不关心别人的感受。他们咄咄逼人，在嘲笑他人提出的建议的同时试图支配和控制整个团队。当一个人如此"强大"时，这通常意味着他在自卑或恐惧中挣扎，他觉得有必要强行提升自己的地位。他会随便抛出一些想法，比如"每个人都拿一件救生衣，然后跳进海里。我们会把船弄翻，然后放火烧船，这样会引起人们的注意，人们就会来帮助我们"。这类人在连续统的最右边，无视其他人的想法。他们对现状感到不舒服，只是想使自己重新变得舒服。

搭船

还有一些人对船一无所知，他们只是收到了邀请，觉得航行很有意思，所以就来了。他们只是搭船的乘客，觉得自己在这种情况下帮不上什么忙，所以不想冒险说出可能会被嘲笑的话，从而把自己的想法藏在心里。他们在想：好吧，我在船尾看到了一罐燃油，也许能派上用场。但如果我说出来，结果发现它并不是大家要找的那种燃油，大家都取笑我怎么办？所以还是不说为妙。

这类人在连续统的最左边，是"搭船"的人。他们可能知道该如何解决问题，但他们不想引起别人的注意，不想冒引起冲突或遭人嘲笑的风险。所以他们保持沉默，希望别人能把问题解决了。

掌舵

连续统的中间是"掌舵"的人。他们居于最佳占位，不会被那些咄咄逼人的人的气势吓倒，有勇气提出那些可能被忽视的问题。他们以解决问题为导向，也充满关怀。他们会让其他人参与进来，看看是否有人有其他想法，这样一来，那个能解决问题的燃油罐会被发现。

我们的目标是生活在这个连续统的中间。这需要勇气和同情心，说出该说的话，同时考虑到其他人的观点。无论你偏左还是偏右，目标都是向中间移动。消极被动的人需要鼓起勇气说出自己的想法，而不被别人的反应吓倒。咄咄逼人的人需要通过倾听别人的想法来有意识地关注他人的需求。

向中间移动

我发现大多数拿起本书的人都是处在消极被动位置的人。他们是最痛苦的人，因为他们渴望改变。他们不喜欢被形容为"消极被动"，他们想学习如何在适当的时候大声地说出自己的想法。然而，他们意识到，就目前来说，"消极被动"一词是对他们的准确描述。

他们可能会取悦他人，他们的自我价值来自于别人对他们的看法。他们不能冒险让自己遭人反对，因为大声说出来可能会导致冲突，所以他们保持沉默。他们通常有自认为能增加价值的好的意见或观点，但就是不说出来。

令他们沮丧的是，他们因为害怕而不敢开口，只能保持沉默，要么私底下说说，要么把自己的想法藏在内心深处。这些感觉让人感到很不愉快，这会影响他们对待生活的态度和与他人相处的方式。他们试图让所有人感到舒服，没有人不高兴，就像玩枕头大战一样，很有趣，但不会产生太大的影响。

他们想移步到连续统的中间，这样他们就有能力与他人交流，自信地表达自己的想法和需求。

那些咄咄逼人的人会利用强势和胁迫来达到他们的目的。他们情绪化的态度让谈话无法富有成效，因为他们经常嘲笑或攻击其他人的观点，也可能主动忽略其他人，表现出他们的意见不值得听的样子。他们更想要在对话中"占上风"，而不是建立关系。他们认为自己的需求比别人的更重要。

这些人并不是特别喜欢咄咄逼给他们带来的名声，但他们只会采用这一种方式。他们想和关心自己的人建立更有意义的关系，但他们不知道该怎么做。

自信的人处于中间的平衡点，他们实际上是在掌舵。这是沟通的"甜蜜点"：他们有勇气表达自己的需求和想法，同时也能满足其他人的需求。这为兼具勇气和同情心的真诚对话奠定了基础。

"但是，消极被动和咄咄逼人，我两样都有，"你可能会说，"大多数时候，我害怕说错话让别人不高兴，或者让自己难堪。但在其他时候，我试着大声表达，却说得太多、嗓门太大，或者令人摸不着头脑，人们对我视而不见。我没救了。"

你是有救的，这并不难。有两个简单的步骤可以使你向中间移动：

1. 了解自信的真正含义和它所具有的价值。
2. 通过简单的步骤来增加自信。

什么是自信，什么不是自信

为了让自信恰到好处，我们需要清楚地知道自信的最佳状态是什么样子的。它有以下特点：

- 为自己和他人挺身而出。了解自己的感受，然后从容地表达出来。
- 真诚地说出你的真实想法，不去担心有人会不喜欢你的想法。他们的回应只反映他们的想法，而不能决定你的想法。
- 能够简单地说"不"，不需要解释。
- 不会想当然地认为别人会读心术，知道你想要什么。
- 让人们为他们的行为负责，而不会因为害怕而放过他们。
- 认为自己与他人平等，而不是高于或低于他人。
- 能够肯定他人，而不是试图改变或纠正他们。
- 如果你需要帮助，会向别人求助，不会觉得这是软弱的表现。
- 不会试图操纵或伤害他人，会寻求真诚的人际关系。
- 追求自己想要的，同时尊重他人。

学会自信的最大好处是它能建立起你与他人之间的信任，而信任是建立任何良好关系的基础。如果你和我多次接触，你会发现我是诚实可信的，你会开始对我有诚实可信的预期。你会逐渐放松下来，因为我一贯如此，这也为你真诚待我提供了安全感。

如果你在成长过程中没有树立起自信，那么自信可能会让你感到不舒服。你可能曾被告知不要冒犯别人，即使这意味着要你放弃你想要的东西。你想得到你想要的东西，而当别人告诉你，如果你伤害了他们的感情，他们就不会喜欢你，你可能会感到羞愧，觉得自己自私或粗鲁。你学会了避免冲突，并在冲突发生时试图让它消失。

但我有个更好的方法。

通过简单的步骤培养自信

"好吧，有道理，"你说，"我真的想生活在自信的中间地带。我想要在适当的时候敢于说出自己的想法，也想要对他人保持友好，而不是咄咄逼人，但我这辈子都在摇摆不定。我怎样才能真正拥有自信，让我做自己呢？"

如果你决定跑马拉松，你不会第一天就跑 20 公里，这会使你感到很痛苦，你会放弃，永远不再尝试跑步；相反，你会先绕着街区走一圈，然后跑几步，一天天逐渐增加你的里程和耐力。你会庆祝小的成功，见证自己的能力的提升。久而久之，你会比你想象的跑得更远。

培养自信也是如此。如果你直接进行一场激烈的辩论，为自己争取权利，你是无法如愿的。这将使你遭受痛苦的失败，你会想：看到了吗？这不管用，我做不到。你会放弃尝试，因为你只是强化了你感知到的无能为力。但如果你从小处着手，一步步地练习，它很快就会成为你的一部分。你会获得自信，你会对自信的沟通习以为常。

要跑马拉松，你首先需要确保自己有合适的鞋子、合适的衣服、一个水杯、一个可靠的训练计划和一位教练，这是必要的准备。然后你可以开始迈出第一步。对于沟通，你已经进入了准备过程，本书是你的训练计划，我是你的教练。

你要学会自信，首先要从转变思维模式开始：

- 经常回顾本章所述的自信的价值。如果你还没有感受到自信的价值，不要担心，只需再次确认自信的确有价值。

- 开始认为自己值得得到你需要和想要的东西。你和别人没有高下之分。

- 当你自信的时候，想象自己可以接受别人所不能接受的。如果他们不喜欢这种改变，他们可能会试图用讽刺或嘲笑来羞辱你。他们的回应反映了他们的涵养，而不是你的。

- 你无法让别人快乐，他们的快乐得靠他们自己。

- 不要认为当你开始变得自信时，别人会觉得你咄咄逼人。有可能出现这种情况，但很罕见。你可能会把自己对他们可能会有的感受的预期投射到他们身上。

你可能会担心他们觉得你令人讨厌，但他们可能根本都没注意到。你只需要审视你的意图，带着正确的动机说出你的想法，重视你自己。

每天重温这些原则。一开始，你可能会觉得它们不够真实，但很快，你就能做到了。

你的思维模式一旦改变，就迈出第一步了。记住，从小处做起，你现在只是在街上走走，不是跑步。

- 你可以挑一件你想要的简单的东西，说你想要这个东西。当一小群人正决定去哪里吃饭时，不要说："哦，我去哪都可以。"选一个你真正想去的地方，然后说出来："我一直想去第一大街那家新开的泰国餐馆。"你的提议可能会被否决，但没关系。你说出来了，表达了你的愿望，而不是随波逐流。

- 别想当然地以为你的另一半或你的好友知道你想要什么，比如，你可能认为："他们很了解我，他们应该知道我想要什么生日礼物。"但他们不知道，所以你可以提个建议，说："今年生日，我想和家人一起带上午餐去公园野炊。"

- 如果有人没有履行承诺，不要说一句："哦，没关系。"就放过他们。你可以温柔地让他们知道你的感受："是啊，你没能兑现承诺，我很失望。我相信你下次不会这样了。"

- 与他人设定实实在在的界限。如果你的妈妈总是批评你的另一半，你要声明你不会参与这些对话："妈妈，当你对我的先生（太太）感到不满时把我牵扯进来，这对咱俩都不公平。我爱你，但当这种情况发生时，我不会参与进来。"她可能会反驳说："哦，别傻了。想想他/她在上星期晚餐时说的话，你怎么看？"不要介入，你只需要一遍又一遍地重复界限："不，妈妈，我们不能那样谈论我的先生（太太）。"无须解释，只要重复强调界限。

这些是初始步骤，但在初始阶段你只需要做这些。试着从这样的小事开始，久而久之你会发现，你逐渐变得自信了。这时，你可以更进一步。

反之亦然。如果你属于咄咄逼人的类型，你可以在说话前先思考一下，如果换一个人，他可能会如何应对这个情况，在做出反应之前先从旁人的角度进行审视。观察人们对你说的话有什么反应。你的意识将成为你的话能否产生影响的关键。

你不需要一下子就成为专家。就像跑马拉松一样，我们一生中完成的每一件事都是一步一个脚印完成的。你可以根据需求重读本章，并明确这些步骤对你来说意味着什么，然后专注于第一步，并付诸实践。迈出第一步是迈向第二步的最快方法，然后是第三步、第四步……

很快，你会发现自己在这条路上顺利前行，对自己新的、不断提高的技能感到自信。

第6章 克服畏惧

我不是矮，我是浓缩的精华。

——T恤衫上的一句话

我第一次见到公司CEO，是在洗手间。事实上，我在前两家公司工作的时候，也在洗手间遇见过CEO。我还在酒店的洗手间里遇见过两位名人。

在这样的场合下，我会感到十分紧张。我知道他们是谁，但我没想到会和他们偶遇，尤其是在洗手间。这是每个人都经常去的地方，所以其实没什么好惊讶的。但发生偶遇的时候，我发现自己不知道该说些什么。我想给他们留个好印象，但我不知道自己说了什么。每次走出卫生间后，我都能立刻想到至少一百件我可以说的事情，而不是刚才嘀咕的那几句话。

这与我们平时有多么自信无关，只是有一些人，在和他们说话的时候，我们会感到胆怯。原因可能在于他们的地位、个性或者权力。他们可能会知道怎样激起我们的情绪，而我们却不知如何应对。这种情况经常发生在我们猝不及防地与他们偶遇时。

为什么我们会对这些人心生畏惧呢？为什么我们在他们面前吞吞吐吐，而在别人面前却自信满满呢？我们的脑子里会有这样的疑惑。

其实他们只是以某种方式行事，说某些话，关键在于我们如何理解这些言行。如果我们认为他们比我们优秀，就会让他们"高高在上"，而我们自己则"低人一等"。如果我们认为他们和自己没有什么不同，那双方就是平等的。

我们虽然外在表现不同，但本质是一样的，我们都是人类。认识到这一点，我们就能找到克服畏惧的办法。

平等地交流

通常，我们的朋友、同辈和同事都很了解我们。我们分享经验，关系密切。我们见过他们最好的状态和最差的境遇，他们亦是如此。我们相处得很融洽。我们是平等的，所以相处时不会产生畏惧。

通常是不太熟悉的人会容易让我们产生畏惧，他们可能是老板或客户，也可能是警察或法官这样的权威人物。内向的人畏惧的可能是外向的人。而外向的人畏惧的可能是深思熟虑、说话有分寸的人，因为他们说出来的话很有影响力。令人畏惧的人也可能是知名的领导，或是强势的家庭成员。

　　我们认为他们和我们不一样，我们没有共同点，所以会觉得双方处在不同的级别，他们在大联盟级别，而我们在小联盟级别，或者反过来。如果我们知道要和他们见面，焦虑就会袭来。我们觉得自己不够好、不够聪明、不够有趣，无法进行一场让对方感到愉快的有意义的谈话，我们自认为会尴尬，或者遭对方嫌弃。或者我们可能不觉得对方有吸引力，所以我们不重视他们（特别是当我们觉得自己属于大联盟级别，而对方属于小联盟级别时）。

　　那么，这些想法都是正确的吗？

　　这不重要。不管我们的想法正确与否，它们都会变成现实。我们会按照自己的观念行事。

　　问题是我们把（我们熟悉的）自己的生活和（我们不熟悉的）他们的生活进行比较。将我们的现实与我们对他们生活的认识进行比较，就像将苹果与长颈鹿进行比较一样，这根本没有意义。如果我们了解他们，就会开始看到他们的缺点、挣扎和恐惧。我们会看到他们在努力解决育儿和财务方面的问题，在全力应对一些令他们畏惧的人。我们会把他们视为有现实问题要面对的真实的人，而他们要面对的问题与我们要面对的问题完全不同。

　　换句话说，我们会看到他们的人性。

　　我曾经听某人说过，我们总有不安全感的原因是，我们将自己的"幕后"场景与其他人的"台前"表演进行比较

（这种情况在社交媒体上发生得最多）。我们拿自己的第一章与他们的第二十章作比较，拿我们的真实生活与我们对他们的生活的臆想作比较。

我们需要检验一下我们的想法是否正确。每当我们感到畏惧的时候，都应该写下我们当时的想法，然后问自己："这是真的吗？"当有人说我们愚蠢或不能胜任某项任务时，我们很少质疑他们的看法，去检验它是否准确，我们直接信以为真。相反，我们可以想一想：我真的愚蠢吗？虽然我不是什么都懂，对于有些事情我不是很了解，但是对于很多实际事务我非常了解，也可以做得很好。我并不愚蠢，那只是他们给我贴的一个标签，我不必接受或当真。

我们可以反驳自己的想法，改变那些消极的想法让我们不再受其影响。如果我们不去质疑消极的想法，我们的大脑会相信它们，我们的身体也会有所反应。

每当你对某人心生畏惧时，提醒自己什么是正确的：

- 我心生畏惧是因为他们说的话，还是因为我的解读？
- 他们不比我好，也不比我差。他们是真实的人。
- 他们的观点就是他们的观点，并不能代表真实的我。
- 当我专注于消极方面的时候，我需要提醒自己关注积极方面。

- 我不该想当然地认为自己知道他们在想什么，这需要我去探索求解。

- 我不需要和他们作比较，不需要变得像他们一样，我只需要做我自己。

切实可行的方法

想象一下，你一定会在电梯里遇到公司的 CEO，或者在杂货店里遇到当地的名人。提前想好你要说什么，而不是在现场绞尽脑汁地找话说。

你该说些什么呢？大多数人试图给对方留下深刻印象，这通常会适得其反，因为你关注的是自己会给人留下怎样的印象，而不是关注你面前的人。你可以说说他们最近做过的对你有影响的事，或说过的对你有影响的话，然后简单地表示感谢。你只需要真诚而精确，以他们为中心，而不是以你自己为中心。

不太有效的话语："我真的很喜欢您上周的演讲。"

更有效的话语："您在上周的演讲中谈到了您的职业生涯早期的失败经历。这让人耳目一新，我想我们都被您的坦诚激励了。"

不太有效的话语："我每天晚上都在新闻上看到您，很高兴见到您。"

更有效的话语："您在报道危机事件时的冷静态度让我们看到了希望。谢谢您。"

不太有效的话语："谢谢您邀请我们过来，我们玩得很开心。"

更有效的话语："这是个有趣的夜晚。您把兴趣相仿的人召集到一起，这样大家就有了可聊的话题，这真是太棒了。"

发现区别了吗？我们习惯于使用其他任何人都会说的简单话语，这没有多大影响力。但是如果你的话语具体而简洁，效果会更好。它不必深刻，你只要挑出对方说过的对你真正有意义的话，或做过的对你真正有意义的事来说，并为此感谢他们即可。

几年前，我在一家书店举行的签售会上遇到了传奇喜剧演员卡罗尔·博内特（Carol Burnett）。我听到排队的每个人都对她说同样的话：他们有多爱她，他们关注她有多长时间了，她是有多么有趣。她的回答非常亲切，尽管在她的职业生涯中，她肯定听到过数千次同样的话。

当我有机会与她简短交谈时，我只是说："卡罗尔，这些年来你给我们带来了很多欢乐。谢谢。"

她停顿了一下，看着我的眼睛，笑了。"嗯，你真是太好了。谢谢你这么说，这对我来说意义重大。"

无论是对于名人，还是在你生命中有影响力的人，又或者是你最亲近的人来说，简单又真诚的感恩的力量是惊人的。

克服畏惧感的方法

我们很容易认为，我们总是会对某些人感到畏惧，因为他们就是令人生畏。他们说起话来咄咄逼人，或者处在权威地位，我们的思考速度无法快到马上想出如何回应。如果我们等着他们改变，那只能是徒劳。改变应该来自我们的内心，我们应该改变看待他们和看待自己的方式，以及我们的回应方式。

说到畏惧，你首先想到的是谁？我提出一些问题来分析你的内心想法：

- 面对这个人，你有怎样的不安全感？这可能是一种感觉：感觉自己要说的话不重要，感觉自己经常被误解，或者感觉自己无能为力。
- 你会告诉自己关于这个人的哪些故事？
- 你对你们之间的关系有什么看法？
- 你认为他会怎么看你？
- 那些故事和你认为的东西是真的吗？还是只有你自己

觉得它们是真的？

不要寻找冗长而详尽的答案，留意你脑子里闪现的第一个想法。别不假思索地把这些想法当真并植入内心，学会给它们做一次"扫描检查"，对你的发现提出质疑。仔细揣摩这些想法，尤其当你发现对方咄咄逼人时。

不要退缩

当人们说出一些关于你的流言蜚语时，你会很自然地听进去。你受了伤，却对此不发一语，这样你在别人眼里会显得更坚强。你筑起一道墙，不让任何人看到真实的你，这样就没人能伤害你了。在这种情况下，你会感到情绪低落、能量耗尽，在需要进行清晰思考时，你很难做到。是的，这道墙阻隔了痛苦，但也阻隔了爱，这得不偿失。练习将第一感觉当作触发点，提醒自己对别人的话去伪存真，而不是不假思索地全盘接受。不要让别人的评论来定义你是谁，这是他们的主观看法，不是客观判断。

寻找真相

你的畏惧源自你自己。当对方攻击你的时候，以此为契机，重新审视他们说的话。不要因为他们说了，就认为那是真的。要认识到，他们是在表达想法，而不是在定义你是谁。

不要让他们的言语改变你。将他们说的话快速过脑，并提出质疑，问问你自己，这是真的吗？然后明确你应该有的正确心态。

必要时道歉，但不要卑躬屈膝

有时我们因心生畏惧而出了差错，我们往往会一遍又一遍地说"对不起"。人都会出错，出错后道歉是恰当的，真诚、具体、简短地道歉就可以了。

强化你的价值

我们不能靠一顿大餐维持整个星期。同样地，经常让自己看到真实的自我价值很重要。当我们感觉自己没有价值时，我们更容易心生畏惧，因为我们认为自己"不如别人"。因此，我们应该将清楚准确地认知自我价值当作一种练习，每天都可以练一练。这可不是要你背诵些好话来让自己相信一些不真实的事情，而是要你回顾事实。

充满自信

你自信满满的时候，自然会昂首挺胸地走进房间；信心不足的时候，你往往会无精打采，悄无声息地溜进门。参加任何聚会之前，检查一下你的姿态，让你的站姿展现出自信。这并不是什么"假装成功"的技巧。这是一种有意识的选择，让身体反映出你心理上认定为真实的东西。当人们看到你自信的步伐时，他们会认为这反映了你的内心。如果他们看到你黯然无神，也会联想到你的内心。

提醒自己：做自己就够了

在任何情况下，你都不用表现得比真实的自己更强大，也不必假装比你实际感觉的更自信。自信源自在任何情况下都完完全全做自己。在你的谈话和沟通技巧上下功夫是可以的，但是，你要意识到，你已经成为现在的你，现在无论做什么都无法为你的价值加分。你就是你，这就够了。

不要害怕失败

你不是在表演，没人在给你打分。你是在边做边学。有时候你遇到的情况比其他人好一些，有时候你会遗憾没能用更好的措辞。但与其为此自责，你不如把它当作垫脚石，从经验中学习，并利用它让自己的能力更强。

自信就在你的头脑中

CEO 和名人跟我们一样都是人，这应该是显而易见的，我们所有人都有共同点（除了上洗手间之外，还有很多其他的共同点）。

我们如何克服畏惧？通过平衡我们的共同点（我们的相似之处）和不同点（我们的独特之处）。这需要我们清晰、准确地了解我们的相似之处和不同之处，并同时看到两者。平衡我们的共性和个人独特性，这能让我们不去和别人比较。我们可以自由地做自己，而不必变成另一个人。

事实证明，我的 CEO 是我见过的最热情、最体贴、最正直的人之一。他有超乎想象的商业头脑和有目共睹的能力，并能与他人建立信任关系。他非常关心公司里的每一个人，不管他们是什么职位。任何人需要帮助，他都会毫不犹豫地伸出援手。

我们的畏惧通常源自我们的错误认知。想要提升自信，就要改变我们的思维模式。我们会认识到，我们与他人相处的方式并非一成不变，我们可以采取可行的措施，以一种新的、现实的方式看待自己和他人。然后，我们每天有意识地练习这种看待自己和他人的方式。面对别人的猛烈抨击，我们将不再退缩，而是能够毫无畏惧地看待正在发生的事情。

这将多么令人振奋啊！

第7章　有效的言语

> 言语是免费的，
> 而你使用它们的方式可能会让你付出代价。
>
> ——佚名

南加州的六月是反舌鸟活跃的时间。

我们坐在露台上吃晚饭时，一只反舌鸟为我们唱了小夜曲。我总是因此而感到惊讶，因为它们的曲库里有这么多的曲子。它们生来具有"模仿"其他鸟类的惊人能力，可以响亮而清晰地模仿多达200种不同叫声。

它像是鸟类版的电子阅读器。你可以在单个阅读器上储存数百个鸟鸣声。反舌鸟的踪迹很容易被发现，因为你可以通过声音，寻找声音周围的最高点，比如树梢或屋顶，通常就能发现它们。

我做了一点相关研究，发现对于反舌鸟来说，这一切都与求偶有关。大多数情况下，雄鸟会发出最大的声音，试图引起雌鸟的注意。这就是它们落在高处的原因，它们希望被看到，也希望被听到。它们并不羞于展示自己。

　　白天，我经常去户外工作，这样我就可以听"演唱会"了。对我来说，听一只为歌唱而生的鸟儿得心应手地欢唱，是一件再美妙不过的事情了。

　　但有一个问题：它们在晚上也唱歌，在凌晨 3 点的时候。对此我一点也不感到惊讶。我想睡觉的时候，它们的歌声并不能抚慰我，虽然还是那么动听，但我无心欣赏，我希望它们停下来。这就像邻居在半夜大声放音乐一样，这时你只想让音乐停止，享受寂静。

言语的代价

　　我们有很多话要说，会用我们认为受人喜爱的方式表达出来。有时候，那些话正中对方下怀，便会得到赏识；而有时，那些好听的话说得不合时宜。

　　当别人只是需要我们在旁倾听时，我们会给他们提建议。

　　我们只关注自己的问题，却没有注意到别人的痛苦。

　　对方是夜猫子，我们却在大清早讨论棘手的事情（或者，对方是早起型人，我们却在晚上讨论棘手的事情）。

　　有些人比其他人更健谈，但这并不意味着他们的话更多。这只是意味着他们比沉默寡言的人表达得更多。我们并非词穷，只是在特定情况下难以决定该如何措辞。

拥有丰富的言语就像拥有价格不菲的厨用刀具。如果刀很锋利，我们在备菜时可以按照需要精确地切割食物；如果刀变钝了，我们就容易在切菜时受伤。想象一下，我们要切一个结实的番茄。如果刀很锋利，我们可以毫不费力地切开厚实的番茄皮；如果刀是钝的，切番茄片的时候，我们必须加把劲，这样刀很容易滑落，切到我们的手指。

言语就像这些刀子。如果我们对它们精挑细选，钝了就磨一磨，它们就能精确地贴合谈话内容，获得极佳的效果。如果它们被随意地扔来扔去，就会有人受伤。

我们小时候就听过这样的谚语："棍棒和石头可能会打断我的骨头，但言语永远不会伤害我。"这话虽然听起来有道理，但并不准确。言语可以造成巨大的伤害，但也有强大的治愈力，这取决于我们如何使用它们。

那些被言语伤害过很多次的人可能会这么说，他们已经习惯用坚强的外表来保护自己。言语伤害不了他们，是因为他们封闭了自己的感受，而不是因为言语本身没有影响力。

本章内容很重要，我们将探索如何带着勇气和同情心去沟通。言语是沟通的基石，我们需要学习如何精确地使用它们。有时我们会感到畏惧，无法冷静思考，而我们希望自己有足够的勇气快速思考，说出正确的话。这时我们自然会说一些话来填补空白，却令对方感到困惑或受伤，我们会为这些话而后悔。这就像是我们在玩刀子，有人因此而受伤，有时候是别人，有时候是自己。

无心之语的影响力

和黛安（Diane）刚结婚时，我们住在加州雷东多海滩一座租来的小别墅里。房子建于 1920 年，就在我们搬进去之前，房东太太对它进行了翻修。

房子的车库太小，停不下我们的车，所以我们总是把车停在自家车道上。这座房子的魅力之一就是那条车道，两条水泥带中间夹着坚硬的石质土路。我们几乎可以想象出那个场景，一辆福特 T 型车，细细的轮胎停在两条窄窄的水泥带上。中间的黑色地面几乎和水泥一样坚硬，几十年来各种发动机滴下来的油浸透了路面，和泥土混合在一起。

黛安的第一份工作是在幼儿园当老师。每天晚上，我们都会一起坐在小客厅的地板上，为第二天的课剪剪贴贴，构思课堂活动。我对她给孩子们创造体验的能力感到惊讶，这些体验能让他们形成对关键概念的理解。

有一天，我们找来了一个爆米花机、一袋玉米粒和一摞纸杯。上课的时候，她打开爆米花机的盖子爆玉米，每"爆"一下，松软的玉米花就会在教室里四处飞舞。每个孩子都有一个小纸杯，他们的任务是跑来跑去，在玉米花落地前把它们接住。

那天结束时，黛安把我们那辆小型本田旅行车停在车道上，打开后备厢。她开车的时候，爆米花机里的玉米粒洒出来了，打开后备厢的时候，有些玉米粒掉到了那块又脏又硬的土路上。只是几颗玉米粒，她觉得不值得捡，就留在地上了。我们把这几颗玉米粒遗忘了。

直到它们开始破土而出。

它们一开始只是小小的绿芽，长了一段时间就能看出是几株玉米。我们把车停到马路上，这样就不会影响它们的生长。不出几个星期，小小的玉米穗出现了。它们并没有长到玉米的常规大小，我们也没摘下来吃。（我们不确定它们是否吸收了土里的某些有毒物质。）但令我们感到惊讶的是，这块土路上什么都能生长。

我尽量不把每件发生在自己身上的事总结成人生教训。但不知为何，这件事情一直萦绕在我的心头，它提醒着我，我们总是不假思索地说出一些话，不管这些话是鼓舞人心还是令人沮丧，它们都会融入我们遇到的每个人的生活中。我们永远不知道这些话什么时候会在某个人的身上扎根，让他们的生活变得更好或更糟。

有没有人用不经意的一句话改变了你的生活，而他们却浑然不知？

我参加过一些有影响力的会议，读过一些伟大的著作。我做笔记，揣摩字里行间的意思，研究概念，以便把它们运用到生活中。营销人员给我发的邮件都是他们仔细揣摩过的，他们试图让我相信，他们的产品可以改变我的生活。在以上这些情况下，遣词造句都是有意为之的。演示文稿是一页一页设计出来的，书是经过深思熟虑写成的，邮件也是带着目的写出来的。

然而，当我回头看时，对我的生活影响最大的，是那些不经意间说出的话，说话的人甚至都不记得自己说过。这些话在我燃油将尽的时候给我加满了油，在我飘忽不定的时候帮我转动方向盘，在我的导航系统里输入了正确的地址。他们提醒了我当初为什么要踏上这趟旅程。

说出这些话的人通常是我信任的人，我认识他们。他们并不总是知道我在经历什么，但他们不经意间说的一些话，击中了我的要害。他们的话改变了我的生活，多年后，我依然铭记于心。

无心之语偶尔也会伤害到我。讲话的人不是故意的，也没有恶意，他们可能是在开玩笑，但他们的话很伤人。我可能没有告诉他们，他们也不知道我的痛苦。然而多年来我也一直没有放下那些伤人的话。

这就是为什么注重我们的言语至关重要。如果我们想在谈话中拥有勇气和同情心，首先要有意识地选择我们要说的话。从别人不经意的言语对我的影响中，我学到了以下几点：

- 我的无心之语对别人的影响比我想象得更大。
- 大多数时候，我甚至不知道自己的无心之语何时影响了对方。
- 如果你面带微笑，我就认为你没事，那我可能大错特错了。
- 我不知道我的话对你有什么影响，因为我可能不知道你现在正经历什么。
- 我的话有伤害力。
- 我的话有治愈力。

既然知道无心之语的力量，我为什么还要为了显得更聪明，去伤害别人，或者为了幽默一下而拿对方开涮呢？我希望我的默认设置里都是肯定他人的话。这需要练习，但我希望无论是精心组织的还是不经意说出的话，都是有意义的。我希望它们永远是在传达这样的信息：我相信你。为什么？因为我们都有不相信自己的时候，这时我们需要从别人那里获取相信自己的力量。

人人都在说话的社会

我们生活在一个嘈杂的社会。大家都在说话，却无人在倾听。打开电视或浏览社交媒体，你会发现人人都在输出观点。如果人们觉得自己的观点没有被关注，他们就会说得更大声，表现得更自信，也会更频繁地发帖。但如果只有说的人，没有听的人，那有什么意义呢？

有太多的人像反舌鸟一样。他们每时每刻都在说话，公开分享自己的观点，希望能被人倾听，得到关注。结果呢？人们可能被惹恼。

我们都认为自己有重要的事情要说，而且其他人需要听到这些事情。这或许是真的，但花时间去倾听和了解其他人的观点会让我们与他们有交流。这样能建立起信任，为我们赢得分享自己的观点的权利，并帮助我们辨别在这种情况下说什么话最合适。

自信沟通者的言语

"您的来电对我们很重要。请别挂机，等待下一位话务员来接听。"

听到这句话，你的反应是什么？你可能在想，如果你真的认为我的电话重要，就应该安排一个人来接我电话。为了让我们更愿意相信这样的话，公司会进行精心设计，但留言往往听起来空洞，效果适得其反。

你是否曾经和你的另一半或好友谈论一些重要的事情，但他们似乎拒你于千里之外？他们说的话可能都对（"我在听""有道理……""是的，我有注意到……""不管你做什么决定都可以"），但你会觉得自己听到的像是一段录音回复："您呼叫的用户正忙。"

我们无法实现沟通的自动化。如何才能更有意识地选择我们要说的话？我们需要想清楚接下来要说什么，并且回答下列问题：

- 这些话是否满足听者的需求？
- 这些话是否简单明了地表明了我的立场？
- 这些话友善吗？
- 这些话准确吗？

就是这么简单。与其让一些话脱口而出，不如慢慢思考，仔细斟酌你想说的话。记住，你的言语就像手术刀，而你就是主刀的外科医生。你有责任在说话之前考虑它们的影响。

以下是一些既能体现出勇气又能表达同情的言语。

"我错了"

我非常笃定地认为修理屋顶的工人会为他们必须更换的那些木板刷漆。我的太太认为这事得我们自己来做。"他们不会做到一半撒手不管的,"我自信地对她说。这么显而易见的事情她却无法理解,这让我感到苦恼。但更令我苦恼的是,后来我听到工人们说:"不,我们不管刷漆。"

我本可以对他们只管修不管刷漆的行为大发雷霆,说这样太没道理了。但我和太太的关系比我和工人的关系更重要。我深吸一口气,对我的太太说:"你说得太对了,我错得太离谱了。"就这么简单,这件事没有影响我们的关系。

强者承认自己的错误,这能增强信任。弱者忽视自己的错误或为其辩护,这会削弱信任。

"跟我讲讲吧"

你问候一句"今天过得怎么样"或者"会议开得怎么样"并不难,但是如果对方只用一个词来回应,这会让人感觉像例行公事,没有参与感。相反,你可以说"你今天和朋友一起吃了什么午餐"或者问"在会议上你们做了什么决定",这些开放式的问题表明你在倾听,能让他们分享细节。你可以仔细倾听并提出明确的问题。

当有人开始告诉你发生的一些事情时,慢下来,看着他们的眼睛，说："跟我讲讲吧。"

"帮我解释一下"

高难度谈话始于视角的不同。对方不是你，他们有自己看待事物的方式。很多人会通过越来越大声地重复自己的立场来争辩，但当对方说话的时候他们却不会倾听，因为他们忙着想轮到自己时要说些什么。

当你在谈话中感到愤怒、沮丧或畏惧时，慢下来，说："帮我解释一下。"把你的议程放在一边，静静倾听，不要打断对方或开始计划怎么回应。你可以提出明确的问题，但不要对他们说的话做任何补充。如果你让他们说话，自己则要认真倾听，他们会把你的专注视为一种礼物。对你的投之以桃，他们很可能会报之以李。"帮我解释一下"这句话可以降低谈话的难度，打开通往真正的信任关系的大门。

以上这些话的共同之处是什么？它们都表达了我们在倾听，而不仅仅是在说话。

说话就是使用我们自己的言语。倾听让我们能够使用对方的言语。

把这些联系在一起，我们的沟通就变成了勇气（说话）和同情心（倾听）的强大结合体。

这是建立真正的人际关系的基础。

第8章　感受是燃料

我希望我的脑子里都是塔可饼，而不是情绪。

——佚名

十几岁的时候，我读过一本关于如何处理情绪的书。书中有一些处理青少年可能会遇到的情绪问题的实用建议，这些方法似乎很有帮助，也很有意义。

这本书指出，有两种情绪似乎对谈话技巧的影响最大：愤怒和恐惧。它们都被消极地描述为在任何情况下都不能接受的东西。愤怒是糟糕的，因为在你心烦意乱时，它会造成伤害，而且它会让别人感到不舒服；恐惧是不好的，因为它是软弱的表现，会让别人骑到你头上。这本书给人的暗示是，对于强烈的负面情绪，我们需要做的是置之不理，或者加以控制或抑制。当时的我还年轻，无法分辨这是对是错，所以我就信了。毕竟，这是书上说的，对吧？

以我当时十几岁的心智来看，这也是言之有理的，因为这两种情绪我都体验过。我见过其他人在一群人面前发脾气，结果让自己难堪。我意识到，人们是想进行合乎逻辑的谈话，但当谈话开始变得情绪化时，逻辑就会被抛到一边。我目睹这种情况的发生越多，就越想避开它。

我也曾带有强烈的情绪，想要大声说出来，却没有勇气。我害怕得到不好的回应，担心别人对我有不好的看法。我希望人们喜欢我，所以我要确保没有人看到我生气或害怕。我认为有情绪是错误的，因为它们会带来太多的痛苦，所以我把自己的情绪压在心里，只表现出"愉快"的一面。没人告诉我，情绪还有另一面。

这种思维模式持续了几十年。我隐藏起来的所有情绪并没有消失，而是在内心不断滋生。然后过一段时间，它们便开始以讽刺或怨恨等更微妙的方式悄悄流露出来。

幸运的是，我最终学会了从不同的角度看待情绪：它们可以成为推动高效谈话的燃料，带来良好的结果。我不需要摆脱强烈的情绪，它们可以成为沟通工具箱里的工具，帮助我在沟通中变得更加自信。

我需要改变自己看待情绪的方式，学习如何很好地利用它们。

你不能简单地阻止一种强烈的情绪，就像你不能随意地唤起一种情绪一样。如果我说"好吧，我要你现在非常沮丧"，你会认为我疯了。如果我说"我要你十分快乐"，也是一样。我们无法选择当下的情绪，它们是随着我们的想法自

动出现的。我们可能无法阻止情绪的产生，但我们可以随时
反思和改变我们的想法。

恐高

你有没有想当然地认为别人做了某件事情，这件事情让
你对他们感到生气，但后来发现事实并非如此？你的情绪来
自于你的观念，而你的观念来自于你当时的想法。

芝加哥的威利斯大厦（原名西尔斯大厦）第 103 层有一
个带阳台的观景台，你可以走出去，站在阳台上。阳台的地
板是玻璃的，据说绝对安全，但街道在你脚下一览无余。

你会走出去站在上面吗？

洛杉矶的联邦银行大厦第 70 层也通往室外，你可以走
出大厦，登上 13.716 米的玻璃滑梯，然后滑到第 69 层。玻
璃的厚度是 0.0254 米。

你会登上这段空中玻璃滑梯吗？就算你不恐高，我想它
也会引起你的注意。它可能会让人兴奋，因为它散发着危险
的气息。这种玻璃应该比一般的地板更坚固，但不知为何，
它看起来似乎更危险。

为什么会这样？这取决于我们的思维方式。我们在那一
刻的情绪来自我们对所见事物的解读。

几年前,我在一栋摩天大楼顶层的高管会议室主持了一场会议。离开的时候,我走进电梯(我乘过几千次电梯,从来没有多想过),低头看了一眼。一束光透过轿厢与门槛之间的缝隙照了进来。

电梯井里的灯是亮着的。

通过那个狭窄的缝隙,我可以看到70层楼高的竖井。接近底部的地方一片漆黑,使它看起来像一个永远走不出去的地牢。我意识到自己正走进一个由一根缆绳支撑的小金属箱里。一旦我进去了,那根缆绳就会把我拉下去,离黑暗越来越近。

我走了进去,按下了"大厅"按钮。像往常一样,门关上了;像往常一样,没什么特色的音乐响起;像往常一样,我感觉到了电梯在下降。

但这次不一样了。我看到了缝隙中透出的那道光,知道了下面是什么样子。之前成千上万次乘电梯,我从来没有想过自己在做什么。这次没有任何不同,只是我脑子里的想法变了。之前,我从来没有考虑过危险。这次,我只想着危险,我感受到了恐惧。

很神奇吧?我们思考的事情能够决定我们的情绪。现实不会改变,但我们的想法和认知会改变。当我们的想法改变时(不管是好是坏),我们的感受也会随之改变。

经常有人告诉我们，改变生活需要改变我们的行为。这话有一定的道理，但没说到点子上。我们的行为由情绪决定，情绪受想法的影响，所以当我们学会改变自己的想法时，我们的生活就会发生改变。

正如莎士比亚所写的："世间本无善恶，全凭个人想法而定。"

- 你十几岁的儿子答应在晚上 11 点前回家。现在已是凌晨 1 点，他没有打电话回来。你不知道发生了什么，但你会往最坏的情况想，对吧？当他终于走进家门时，你的担心就消失了，取而代之的是愤怒。

- 你在工作中听到了裁员的传言。你不知道传言是否属实，但它却牵绊了你的思绪。用不了多久，你就会想到自己因为偿还不起贷款而失去房子的情景。

- 你感受到一种从未有过的疼痛，这令你担忧。你没有看过医生，但你会不由自主地想象自己患了衰竭性疾病。很快，你就不再是在想象了，你相信这就是真的。

- 一位朋友从你身边经过，一句话都没跟你说。实际上，他正陷入沉思，所以没有看到你。但你却会用一整天来想自己到底做了什么得罪了他。

我们怎样才能控制自己的想法，而不是反过来被想法控制呢？方法就是观察并提出质疑。我们要留意自己的消极想法，并做出回应，评估它们是否现实，是否正确。

牧师兼作家马克斯·卢卡多（Max Lucado）给出了一个很好的比喻，告诉我们如何控制那些令我们夜不能寐的消极想法：

你可以成为你的精神机场的空中交通管制员。你占据了控制塔，可以指挥你的精神世界的交通。想法在上空来回地盘旋。如果其中一个想法降落了，那是你允许它降落的。如果它离开了，也是你指挥它离开的。你可以选择你的思维模式。

最关键的可能不是你要解决的问题本身，而是你思考问题的方式。你的想法构成了你的情绪。学会在谈话中恰当地运用情绪，并不意味着你不允许任何"情绪飞机"降落，你只需决定哪些"情绪飞机"在合适的时间以怎样的顺序降落。

在接下来的几次谈话中，注意你的感受。注意情绪什么时候出现，以及是什么样的情绪。以此为契机，审视并处理你的想法，向它们发出质疑：我的想法正确吗？虽然这不能解决你遇到的每一个问题，但它可以转变你思考的方式。

请记住，本章不是在讨论"权宜之计"，而是在讨论改变思维模式和做出选择。如果你曾遭受过严重的伤害，伤疤可能会很深。在这种情况下，我们不能仅仅通过阅读来治愈这类创伤，我们需要受过训练、经验丰富的专业治疗师来处理它们。如果我们患有脑瘤，我们不会自己给自己做手术，而是会找最好的外科医生。处理我们的情绪也一样。

人们喜欢和你在一起吗

如果我们把所有的情绪揉成一团，它们就会融合在一起形成我们的态度。态度会影响我们在生活中与人相处的方式。它是我们在高难度谈话中鼓起勇气发声的基础，也为我们学会在谈话中更富同情心奠定了基调。

我们可以关注每种不同的情绪，分析它们如何影响谈话双方的关系。为了达到这一目的，让我们把情绪置于"态度"这个大范畴下进行考量。态度是指别人如何看待我们，以及在他们面前我们有多少信心。

态度的定义为：对某人或某事的一种固定的思考或感受方式，它通常反映在一个人的行为中。注意到这种模式了吗？想法带来感受，感受影响行为。

有些人对生活持有积极的态度。这不是一种虚假的、过分煽情的积极情绪，而只是一种具有传染力的普遍乐观情绪。当你和积极的人在一起时，你的自我感觉会更好。你和他们交谈时，你会不想结束谈话。你在这种氛围中分享自己的想法，感觉很安全。

其他人通常对生活持消极态度。对于再好的事情，他们往往都会看到不好的那一面。和他们在一起让人心力交瘁，你通常会想办法尽快结束和他们的谈话。

这里有一个问题：你是哪种类型的人？当人们和你在一起的时候，他们是希望谈话能继续下去，还是希望谈话能早点结束？

态度才是关键

大多数人过着被动的生活。如果好事发生，他们会感觉很好。如果不好的事情发生，他们会感觉很糟糕。他们的情绪取决于他们所处的环境，而不是他们的思维模式。他们就像是大海上的乒乓球，随波逐流。

其实不必如此。我们都会面临各种各样的境况，但我们不必受这些境况的摆布。

我们可以选择自己的态度。

两个人坐同一辆车，参加同一场会议，因为遇到堵车，两个人都迟到了。一个人焦虑不安，倍感压力，另一个人却很平静。是什么造成了这种差异？他们在思考不同的事情，对相同的情况有不同的看法。而差异来源于他们选择如何回应。

你可能看到过牧师兼作家查克·斯温多尔（Chuck Swindoll）的名言：

随着年龄的增长，我越来越意识到态度对生活的影响。对我来说，态度比事实更重要。它比过去、教育、金钱、环境、失败、成功更重要，比别人的想法、说的话、做的事更重要。它也比外貌、天赋或技能更重要。它能成就或摧毁一个公司、一座教堂、一个家。

值得注意的是，我们每天都可以选择以什么样的态度度过这一天。我们无法改变我们的过去，无法改变人们的行事方式，也无法改变不可避免的事情。我们唯一能做的就是选择我们的态度。

我深信，生活的 10% 由发生在我们身上的事决定，90% 由我们处事的态度决定。对你来说也是如此。我们要对自己的态度负责。

我的岳父的卧室里挂着这段话。这已是他生活的参考典范，多年来我多次听到他引用这些话。我的岳母中风时，是这种思维模式令他们一起乐观面对这件事。

我们的态度并非永远不变。我们可以选择改变它。当我们这么做的时候，我们的态度能让我们在最有挑战性的情况下兼具勇气和同情心。

如何改变你的态度

詹姆斯·艾伦（James Allen）写道："行动和情感都是以想法为先导的。"先产生想法，然后再是感受。如果我们想要改变自己的感受和情绪，我们首先要改变自己的想法。

改变态度的关键在于改变想法。所罗门王说："因为他心怎样思量，他为人就是怎样"（《圣经·箴言》）。我们成为我们所想的人。

想成为不一样的自己，让别人因为你的态度而被你吸引吗？注意你的想法。当你觉得自己的想法消极的时候，停下来问自己两个问题：

1. 在这种情况下，事实是什么？

2. 我能做些什么来改变这种情况吗？

如果你能做些什么来改变现状，那就行动起来。如果你不能改变现状，那就学会接受和适应。

注意：对于那些正在与抑郁症做斗争，或是经历巨大悲痛或遭遇重大人生问题的人来说，这些建议可能听起来老生常谈。他们面临的是不同的问题，需要接受有针对性的治疗。本章针对的是那些因为思维方式而养成了消极思维习惯的人。

有意识地调整态度的十个步骤

真正积极的人不会假装快乐，他们实事求是，不会让自己成为无法控制的事情的牺牲品，而是会把精力放在自己能做的事情上。

准备好"调整态度"了吗？试着采纳以下十条可选建议吧。

1. **明确你的人生方向**。当你有了明确的目标，你就会知道该把精力放在哪里了。你就能做出让你前进的选择，把阻碍你前进的事情抛在一边了。

2. **学会在当下找到满足感，但也要不断朝着新的方向前进**。让你的思维模式"灵活"起来，这样你就能随时抓住成长的机会。

3. **从"预期"变成"期望"。** 如果你在采取行动时预期会有一个十拿九稳的结果，那么你通常会失望。期望则意味着你做了某件事，然后带着期盼的心情看看会发生什么。

4. **改变你看待失败的方式。** 与其避免失败，不如把它看作是成长和学习过程中的一步。作家约翰·麦克斯韦尔说过，你应该"快速而频繁地失败"。不要让失败阻止你，只需把它看作是成功过程中的又一个标记。

5. **和积极的人在一起。** 人们常说，你会变得和与你相处最久的那五个人相像。和你欣赏的人建立新的关系，少和那些拖你后腿的人在一起。我们和家人住在一起，可能和他们相处的时间最久。但我们这里说的不包括家人，而是指我们要和除了家人以外的人建立关系，尽可能和最有益于我们身心健康的人在一起。

6. **放轻松。** 如果你总是担心别人怎么看你，放轻松，你要意识到他们可能根本就不在意你。大多数人关注的是自己，而不是别人。

7. **不要指望别人达到你的标准。**试图改变别人只会让你感到沮丧。接纳别人本来的样子，你就可以自由地做自己。

8. **培养一颗感恩的心，用它来看待生活中的一切。**凡事都要看到光明的一面。每片乌云都有"一线光明"，因为太阳在它们背后照耀着。乌云可能是不祥的，但太阳是真实的。

9. **不要拿自己和别人比较。**如果你把别人的生活当作自己的参照（尤其在社交媒体上），那你总会失望。每个人都处在人生的不同位置上，所以和别人比较是不公平的。根据你过去所处的位置和你想要到达的位置来衡量你的成长。用你自己的标准，而不是别人的标准。

10. **做决定，然后去行动。**要知道，不是每件事都会如你计划的那样进行，所以要更快地做决定。生活是要过的，如果你把所有的时间都花在想象"如果……会怎样"上，那生活就很难继续下去。

改变态度不是一蹴而就的。当你将对某件事情的态度调整好，然后随着时间的推移再去调整其他态度时，你就成长了。如果你在社区中和其他人一起这么做，那么你负责任的行为会加速你的成长。

　　试着采取一些小步骤来调整你的态度，然后观察它如何影响你沟通时的信心。通过改变你的想法，你会发现你的感受发生了变化。你会发现建立真诚关系的新技巧，在沟通中会更有信心。

第9章 沉默的力量

我希望更多人能善用沉默。

——佚名

你去电影院看电影。你坐着看完了所有即将上映的影片的预告,看完了爆米花、糖果和饮料的广告。你对这些也许感兴趣,也许不感兴趣,但无论如何,你坐在那里,不得不看。如果你和朋友坐在一起,你们会一直聊天,直到电影开始。随后,灯光关闭,音乐响起,这是电影即将开始的信号。

关灯前你看到的最后一个片段很简短,它会提示你"请将手机关机",传递的基本信息是"请集中注意力,电影即将开始。请不要制造噪声或做其他扰民的事情,以免分散他人的注意力"。在许多电影院,这段视频的结尾都有四个字:"沉默是金"。

你不想在一些你参与的谈话或会议之前播放这段视频吗?

我们都遇到过这种情况:在同一个谈话中,一部分人相谈甚欢，而另一部分人只是安静地坐着。他们并不是无话可说，而是不知道怎么插上话。说话的人并不想停顿，生怕别人插话。那部分沉默的人会感到沮丧，因为讲话的人虽然一直在说，但说出来的话没有实质内容，对他们来说只是噪声。

作家苏珊·斯科特（Susan Scott）描述了她与一位高管每周一次的一对一会面，这位高管是她的教练客户。每次会面，这位高管总是滔滔不绝，独自说个不停。高管付费是为了得到指导和建议，但苏珊却没办法提供指导和建议，因为他的独白中没有任何空隙。有一天，苏珊干脆起身径直朝门口走去。高管问道："你要去哪里？"她回答："到目前为止，我们还没有过一对一谈话，我们只有过'单人'谈话。"

每个人都有想要分享的欲望，每个人也都希望被倾听。如果没人在听，你就会忍不住说得更多、更大声。你只是争着说话，说出来的话却没有实质内容。当沉默出现时，它就像一段空白，越来越明显，直到有人用言语将它填满。沉默的时间越长，我们就越不舒服。

事实上，沉默是最有力的工具之一，它让谈话更有深度。对于需要更大勇气才能开口说话的人来说，善用沉默能帮你进行高难度谈话。对于一开口就停不下来的人来说，善用沉默能让别人听你说话。你对其他人提出的观点表示有兴趣的过程，就是你建立信任关系的过程。

这听起来似乎有悖常理，但是在言语方面，真的是少即是多。据说，马克·吐温曾在给朋友的信中这样写道："抱歉，我没有时间给你写短信，所以只能写长信了。"不假思索地长篇大论其实并不难，简洁的沟通则需要花费更多精力，同样也能产生更大的影响力。

尼采说过，"我的志向就是用十句话把别人用整本书说的话说完。"他懂得沉默的力量。

为什么我们害怕沉默

我曾听人说，大多数人面对沉默都会感到不适。如果人们车里的收音机和空调同时坏掉，他们会先把收音机修好。他们宁愿忍受酷暑也不愿面对沉默。

为什么我们往往会认为沉默是消极的？

每当想到会议或谈话中的沉默时刻，我们常常会在它的前面加上"尴尬"这个修饰词。如果沉默持续太久，我们就会觉得必须要说点什么来打破这种紧张气氛，说什么都可以。这种气氛让人感到不适，没人喜欢。但同时，当有人喋喋不休，而我们又难以离去时，我们会渴望沉默。

几年前，我在深夜飞往一个实行噪声管制的机场，这意味着航班在晚上十点半以后不能在那里降落。然而，我的航班在起飞时延误了，降落时间肯定在十点半以后了。所以我们改飞到了约 48 千米外的另一个机场。航空公司计划用每辆载客 10 人左右的接驳车把我们送到原定的目的地机场。安排相关事宜花了大约一个小时，我们差不多在午夜时分登上了接驳车，前往目的地的车程大约 40 分钟。由于时间比较晚，飞行时间很长，大家都很累。一个坐在前排的人利用位置优势和司机攀谈了起来。他不停地说话，主要是想说服司机信仰他的特殊信仰。他并不是在交谈，因为司机没有回应。他只是在自言自语，而且声音很大，眉飞色舞。

大家都累了，最不想听到的就是有人喋喋不休，但没人有勇气说点什么（包括我自己）。我和另一个男人坐在后排，他靠过来悄悄地对我说："你说，如果我杀了他，上帝会惩罚我吗？"虽然这是在开玩笑，但他的恼怒是显而易见的。

我们之所以害怕沉默，是因为我们常常只看到了它消极的一面：

- 小时候，我们被送到自己的房间"静一静"，我们把这看作是惩罚，因为没人和我们说话。
- 如果我们在会议或其他沟通中保持沉默，我们就会担心，别人是否会认为我们没有想法或者没有任何有价值的东西可说。

- 如果我们什么也不说，其他人可能会插进来，说出我们的想法，而他们会因此得到赞赏。

- 别人安静时，我们可能会认为自己冒犯了他们。如果我们不多说一点，离开时就会觉得对方不喜欢我们或者在生我们的气。而在大多数情况下，事实可能恰恰相反，我们只是相信了自己的消极想法。

当别人安静不语的时候，我们很容易去臆测他们的想法。我们相信这些臆测，然后开始表现得像臆测是真的一样。这种做法很危险。要想真正知道别人在想什么，唯一的方法就是去问他们。

作家兼心理治疗师理查德·乔尔森（Richard Joelson）描述了一对夫妇在他办公室里的对话：

苏是一个总是对自己的外表感到焦虑的人。在第三次约会时，经历了十分钟的沉默后，她觉得汤姆一定是对自己的长相不满意，她问汤姆："有什么不对劲吗？"汤姆回答说："不，一点也没有。我只是在想我有多喜欢我们在一起度过的时光，我有多喜欢你，我在想该怎样跟你说才能听起来更好。"

如果假设沉默总是消极的，就忽略了它在谈话中成为宝贵财富的可能性。

沉默有什么好处

我们在这里讨论的沉默是一种工具，而非武器。它不是对另一个人感到失望并且不能或不愿意告诉他，也不是因为不想有争吵而避免冲突，这两种情况都是把沉默当作武器。我们谈论的是，沉默如何能成为建立真诚关系的一种资源，这关乎在谈话中各方准确地意识到正在发生什么。

我们从新冠疫情中学到了保持距离的价值。我们由此认识到，与他人保持 1.8288 米的距离，能够降低被病毒感染的概率。此外，戴口罩可以防止病毒的传播。

沉默就是这样。它为我们的谈话提供了"间隔"，让一切可以慢下来。当我们的谈话慢下来时，我们就不只是在别人说话的间隙说上几句以填补空白。我们有更多的时间去思考。我们可以花时间去理解别人真正在说什么。我们还可以观察他们的肢体语言，通过他们的语气来理解他们的想法。沉默就像是口罩，保护我们免受"冲动病菌"的侵害，让我们能够用"带着目的的"词语让交谈更为顺畅。

与人交谈，而不是对着他们说话，可以让你在回答问题之前先回顾自己对某件事情的看法。它可以防止你因为谈话没有间隙而一时冲动答应做一些你想拒绝却又没有想好该如何拒绝的事情。

　　做自己是你的最大优势，而谈话间隙的优点就是让你可以做自己。你不是在装腔作势，也不是在控制或试图打动别人，你只是在做自己。这会让你更专注于自己所说的话，让你更容易集中注意力。这是加强人际关系的一个简单方法，一旦出现间隙，你会感到精力充沛。

　　适当的沉默会放慢对话的节奏，让人们有更多的思考空间。这需要一点勇气，一开始你可能会觉得不舒服。但这项技能是无价之宝，你只需稍加练习，就能熟练掌握。

练习沉默的技巧

　　当你独自一人，没有噪声、远离媒体的时候，你是什么感觉？如果你感觉不舒服，那是时候迈出一小步去体验沉默的价值了。你可以从一些简单的事情开始，比如，在公园里不戴耳机散步。你可能会思绪万千，很难放松下来。别把这当作快走锻炼，就只是散散步，看看你能听到多少大自然的声音。虽然车水马龙、警报鸣笛和其他人为的声音还在，但你可以试着听一听鸟鸣、水声和风声。只有当你有意寻找这些声音时，才能听得到。

　　不断练习，直到你感觉舒服为止。你会发现安静的价值和乐趣。这时，你就会开始主动在谈话中沉默。

　　经验丰富的销售人员懂得沉默的价值，而新手则通常会按照他们的脚本强行推进对话。最难学习的技巧是抛出一个问题，让客户来回答，在随后几秒钟内什么也不说。这几秒钟好像特别漫长，客户也会感受到那种令人不适的沉默。如果销售人员保持沉默，客户便会开口打破紧张的气氛。当他们这样做的时候，他们通常会主动说出更多的想法、观点和偏好，而不仅是回答一个又一个问题。

　　一开始做起来很难，但结果几乎都是好的。这同样适用于日常交谈。在短暂的停顿中，不要强迫自己思考，而是保持一会儿沉默。享受这段沉默，注意你的脑海中自然出现的想法。一般来说，这些想法会更让人印象深刻，因为它们诞生于沉默。

　　这样，沉默就变成了一个简单的技巧，你可以快速练习，并看到效果。在任何场合，你都不要觉得对话必须一直进行下去。如果对话节奏慢下来了，就顺其自然。用沉默来放慢谈话的速度，这样你们就可以进行丰富而有意义的思想交流。

　　如果对方一直急于填补间隙，那也没关系。此时别把自己当作一个参与者，而是当作一个观察者，密切关注他们的沟通方式。当你觉得不需要争着说话的时候，你就会开始认可他人的谈话技巧。在没有议程的情况下听听他们在说什么，然后在适当的时候提出有意义的问题。你说得可能比较少，也会学着享受不那么紧张地谈话。你们的谈话会更有深度，而你不需要表现得很聪明，也不一定要给出建议。谈话的重点是理解，而不是发表意见。

沉默能给你提供反思的时间。反思能让你形成好的想法，而好的想法可以为有意义的谈话提供原材料。这样你就能讲出实质性的内容，而不仅仅是炫耀一些说话技巧。

在前几次的尝试中，你会想：他们说了什么或问了我什么，我应该停下来处理吗？这会不会很奇怪？他们不会疑惑我为什么不回应吗？

这段沉默对你来说比对他们来说更漫长、更痛苦。我们说的沉默可不是五分钟，可能只是三五秒钟。它可能让人感觉超级漫长，但它给了你整理自己想法的时间。在这段时间里，对方不会察觉到停顿，或者，即使他们察觉到了，等他们反应过来你在停顿的时候，你也已经开始说下一句话了。

你完全可以说："让我考虑一下，我想在回答之前再想一想。"这就给了你更多的思考时间，也说明了你沉默的原因。对方会意识到你的确在倾听，所以需要足够的时间仔细思考，因此你的回答会更有影响力。这不是一个只为了争取时间的噱头，而是一种让你将全部注意力投入谈话中，更沉浸式地参与其中的方式。这表明你在乎这场谈话。

什么时候适合保持沉默

想想这些场景：

- 在谈话中，对方停止说话，你感觉他们可能有更多的话要说，但他们似乎对要不要说出来犹豫不决。这时你该怎么做更好呢？是提出来探讨一下，让他们说出来，让谈话进展顺利，还是静静地坐着，让他们知道可以等准备好了再说出来？

- 你和一家服务公司讨论报价，你知道这个价格还有商量的余地。要求更低的价格会让你感觉不舒服，但你也知道这是非常公平的。你能提出这个价格并等待他们的答复吗？还是直接接受他们的报价？如果他们不让步，你会说："嗯，我们双方都要觉得价格合适才行。目前我们似乎陷入僵局了，就这个价格我们还不能达成共识。"然后等待他们的回应吗？

- 同事没有做到他们所承诺的事情，让你失望了。承认自己很失望可能会让他们对你心生不满，你会这么做吗？还是你会选择保持沉默，不表达自己的失望，只是说："哦，没关系。"然后呢？

- 在谈话中，有人说了一些伤人的话或是让你生气的话，你会冒着引发冲突的风险做出回应，还是会对你的愤怒保持沉默，什么都不说呢？

面对这些情况没有简单的答案，因为它们各有不同。最重要的是你要记住：

- 沉默是一种工具。
- 有的场合适合使用这个工具，而有的场合不适合，这取决于具体情况。
- 你不一定非要沉默，但如果你的沟通工具箱里没有它，想用的时候就没有。

当你能够利用沉默来化解沟通困难时，谈话的自信就会随之而来。

第10章　如何改变他人的想法

我们都有能力改变他人的生活，
但前提是我们不再害怕改变自己。

——罗翰·卡里查兰（Rohan Kallicharan）

这种事在你身上发生过多少次？

你在刷脸书，看到有个帖子就某个问题提出了你非常不认同的观点。作者描述了支持自己立场的"事实"，引用了公认的专家观点来证明自己的论点是正确的。他用很多文字来表示"我是对的，你是错的，原因就是这样"。你明白了他的逻辑，然后立刻放弃自己的立场，转而接受他的立场。你会想：好吧，现在我看到了事实，我意识到我错了。因为他说的话，我改变了主意。

我猜，这种事发生的次数是"零"。事实上，你的反应可能截然相反，看到这样的帖子，你会强化自己的立场，你会感觉自己的立场更坚定了，而且不太可能改变。

我们看到，人们在社交媒体上就重要问题发表意见时，会仔细解释自己的立场为什么正确，以及他人的立场为什么错误。同一个主题的相关帖子通常蕴含着大量的能量和情绪，某一主题下的帖子越多，热度就越高。

有人说："如果你唯一的工具是一把锤子，那么每个问题都会变成钉子。"在社交媒体上，我们只看到人们使用一种工具——逻辑。这很有趣，因为没有人会因为这些合乎逻辑的表达而改变自己的想法。"逻辑"这个工具是行不通的。

为什么我们一直在使用逻辑？因为我们只有逻辑这一个工具。人们用"事实"来说服别人，认为逻辑清晰地陈述就能达到目的。毕竟，如果一个人在看到事实后不改变他的想法，他就是在忽视真相。他只是固执，对吧？我们内心深处会想：你怎么啦？事实就是事实，而你忽略了它们。

但在社交媒体上，"事实"不一定是真相。它们只是被有选择性地呈现出来，好像在表示："每个人都知道这是真相。"如果你和我认定的事实不一样，那么我们就会确信自己知道的事实是准确的（即使它们不一样）。如果我相信我知道的事实是准确的，那么问题一定出在你的身上。你对我也是同样的想法，我们的对话就会陷入僵局。

对于如今的大多数人来说，"事实"已不再可信。这就像是看到一张照片，它本该证明某件事情，但由于我们看过太多经过技术处理的照片，以至于我们分辨不出什么是真，什么是假。当"事实"不可信的时候，逻辑就变得无关紧要了。

用事实来改变别人的想法，就像向他们出拳一样。如果有人要打我，我不会任他打。我会本能地举起手来自卫，或者还击。

同样的道理也适用于现实生活中的人际关系。别人的想法和我们的想法不一样，这让我们抓狂。我们的另一半可能很固执，我们的孩子常常表现得不懂事，我们的朋友很黏人，我们的同事很冷漠。我们想和他们进行良好的沟通，但这可能很困难。当他们立场坚定，不愿让步的时候，我们可能会感到害怕，因为我们不知道该说什么。如果我们被激怒了，我们会脱口而出自己认定的事实和逻辑，以证明我们是对的，这样只会让事情变得更糟。

我们有可能改变别人的想法吗？可能有，也可能没有。如果我们只用事实说话，那就改变不了。我们都听说过愚顽的含义，就是一遍又一遍地做同样的事情，却期待不同的结果。既然单靠事实和逻辑是行不通的，我们为什么还要继续这样做呢？

我们需要换一种方法。

怎样才能改变我们的想法

我们不喜欢犯错。我们的大脑天然地会对接收到的信息和意见保持警惕，强化我们相信的信息，拒绝我们不认同的信息。我们选择自己认同的新闻频道，阅读和我们观点一致的文章并分享给别人。看到没有？我们会被那些引发自己思考的事物所吸引。如果某件事印证不了我们的观点，我们的大脑就会将其视为无关紧要的事，搁置在一边。

这种现象被称为"确认偏误"。这意味着，当我们希望某件事情是真的时，我们最终会相信它是真的。当收集到足够多的信息来印证我们想要相信的东西时，我们就不再去看证据了，我们会对任何我们可能看到的与自己的观念相悖的东西视而不见。我们形成自己的观点后，不会再考虑其他的选择。这是一种自我欺骗，因为我们会把任何与我们的观点相悖的事情当成威胁。

本书是在美国大选前几个月写的。当时候选人们一边展现自己精心打造的形象，一边恶毒地攻击对手，言辞越来越激烈。因为写作时我正在思考确认偏误问题，我看到了自己的偏见在作祟。我认为自己是客观的，但事实并非如此。我发现自己在下意识地寻找我喜欢的候选人的正面新闻，以及自己不喜欢的候选人的负面新闻。如果我真的客观，我不该只是强化自己现有的观念，而应该去寻找可能会影响我投票决定的细节和事实。

自信的人愿意去看与他们的观点相悖的证据。不同的观点对他们来说构不成威胁，因为他们想探究真相。他们仍然坚持自己的观点，但不会因此而抵制其他观点。相反，他们想要了解其他观点并对其加以探讨，他们知道这些观点要么会强化自己的观点，要么会说服自己改变观点。

他们可能仍然相信自己是对的，但是万一错了，他们也不会觉得"如临大敌"，或者至少，在他们觉得自己的立场需要稍作调整的时候，不会觉得这是什么了不得的事情。

你注意到关键点了吗？他们愿意挑战自己的观点，而不是被迫这么做。他们想法的改变始于他们对改变的可能性持开放的态度，而不是从持不同观点的人那里获得大量事实和数据。这意味着我不能改变你对任何事情的看法，我能做的就是影响你改变想法的意愿。

那会怎样呢？

你是在和人打交道，不是在处理项目

20 世纪 70 年代，波特兰州立大学的心理学教授弗兰克·韦斯利（Frank Wesley）博士对一组既能干又忠诚的美国士兵进行了研究，他们曾在对外战争期间被俘。我们可能会认为，他们在战俘营会坚定地忠于美国。但这群人却自愿"叛变"，不是因为他们受到了虐待，而是因为他们出乎意料地得到了善待。皮特·博格西安（Peter Boghossian）讲述了这项研究的情况：

> 他的研究表明，几乎所有的叛变者都来自同一个美国训练营。作为训练的一部分，他们被教导说，敌人是残忍、无情的野蛮人，他们蔑视美国并一心想毁灭美国。但是，当这些士兵被俘后得到善待时，他们最初接受的教导便土崩瓦解了。相较于那些没有接受过这类教导，或听到过更为客观的描述的战俘，他们更有可能叛变。

这些士兵被灌输了"事实"，对敌人的了解似乎很"全面"。但敌国士兵并没有试图说服他们，让他们相信自己错得有多离谱，而只是把他们当作人而不是敌人来对待。结果呢？士兵们改变了主意。他们获得了与原有信息不匹配的新体验，接着做出了令人意想不到的选择。

我们能从士兵们的这段经历中学到什么，用来帮助他人转变想法呢？

1. **不要依赖于"事实"。**人性的善能达成逻辑永远无法达成的事情。在同情心面前，事实变得无关紧要。

147

2. **不要争论**。当你在争论时，你是在质疑对方的判断。你和他建立的关系越真诚，他越有可能思考你的观点。

3. **建立真正的关系**。我们对那些与我们有着良好关系的人足够信任，并愿意倾听他们的想法。如果还没建立关系就试图说服对方，那就是在把对方当成一个项目。这通常意味着我们不关心对方，只在乎能否赢得这场辩论，证明自己是对的。

4. **做一个好的榜样**。你无法控制他人的行为方式，但你可以展现另一种方式。你这样做的时候，对方会被你影响。

5. **接受自己在某种程度上可能是错的**。即使你对自己的立场很自信，也要对每个话题都保持开放的心态。这是你能够真正倾听并理解对方的唯一方法，有助于你们之间建立信任。

6. **做伙伴，而不是对手**。如果不能实现双赢，赢得争论就毫无价值。始终保持关怀他人的思维模式。

你不能改变别人的想法，这是他们自己的事情。如果你们之间建立了关系，就会产生信任。当你们彼此产生了信任时，就可以坦诚地谈论真正的问题，你们俩都可能会调整自己的观点。

区分人与问题

这些年来，我在脸书上屏蔽了一些人。他们基本上是我过去认识并加了好友但现在不太熟悉的人。随着时间的推移，他们开始扮演不同的网络角色，激烈地捍卫自己的立场，并对持不同意见的人恶语相向。（你有没有注意到，网络形式的谩骂比面对面的谩骂要严重得多？）如果有人持不同的观点，他们不仅会攻击观点，也会攻击那个人。

开车的时候，如果有车挡在我们前面，我们也会做同样的事情。虽然我们并不认识那位司机，但被挡住去路让我们感到生气，我们会认为那个司机寻衅滋事，不顾别人。这的确有可能，但我们也可能只是位于他的视野盲区，他并没有看到我们。我们不了解他，却去评判他的性格，单方面认为他是一个坏人。

根据自己的假设来评判别人是一种危险的做法，我们会因此只看到他们的观念或行为，而看不到他们的人性；我们会认为解决问题的唯一办法是让对方相信自己错了。这时我们会摆出"事实"进行攻击，但这只会让对方的立场更为坚定。

如果我们把人和问题区分开来，我们就能在分歧中看到人的价值。如果我们不喜欢某人，便很难去影响他们，只会想着改变他们。要想影响一个人，首先要重视他，把人和问题区分开来。

当我们谈论如何改变某人的想法时，我们最关心的是如何改变与我们亲近的人的想法。和亲近的人沟通时，我们的影响力最大，风险也最高。只有在谈话双方有着高度信任的关系时，事实和逻辑才有意义。

有一个例子。几年前，我和我的太太在钱的问题上产生了分歧。我们发现，人们不会因为自己拥有的东西太多而争吵。戴安和我对空气从未有过分歧，因为空气似乎总是充足的。然而，如果我们被困在水下，空气将是我们唯一在乎的东西。当某样东西变得稀缺时，它便会吸引我们的注意力。所以缺钱的时候，钱就成了焦点。

产生分歧时，我们交换了彼此对这个问题的看法。我们找不到解决办法，所以暂时把它放在了一边。然后我们就忙了起来，尽管这件事情没有翻篇，但我们也没再谈起它。我们发现，随着时间的推移，我们对彼此产生了轻微的恼怒。这不再只是对钱的问题有分歧，而是对人有不满。

一周后，这个问题再次浮出水面，是时候谈谈了。钱在我们之间制造了隔阂，使我们无法理解对方。我们花了一周的时间思考谁对谁错，却没有讨论问题本身。这个问题正在让我们越来越疏远。

我们再次沟通，确认了对彼此爱的承诺，然后一起处理这个问题。我们从这件事中学到的是：我们需要把问题摆出来讨论，这样它就能把我们连接起来，而不是把我们分开。

捉摸不定的问题和分歧几乎总是出现在两个人之间，挡在正中间。在这种情况下，对方就变成了敌人，变成了要解决的"问题"。两个在乎彼此的人开始斗来斗去，而不是去解决问题。

我们需要解决问题。每段关系中都会出现问题，希望问题自动消失纯属幻想。那么当问题来临时，我们该怎么办？

1. 互相提醒，关系重于一切。

2. 承认问题就是症结所在，你们需要一起解决。

3. 真诚地表达，而不是攻击对方。坚持说"我感觉到了"而不是"这是你干的"。

4. 要意识到这个问题可能不会很快得到解决。把它当成一个需要两人共同完成的项目，并努力从双方的角度找到一个解决方案。

5. 如果找不到解决方案，就欣然接受不同意见。这表明你已经把他和他的立场分开了，说明你有勇气，也有同情心。

当我和戴安再次沟通时，我们坐在车里，讨论我们的情

绪，以及我们对问题的看法。我们再次确认了对彼此的爱和
我们的关系。我们意识到，保持沟通是共同面对问题的唯一
方法，比争对错更重要。

那是几年前的事了，如今我们仍然有分歧，仍然没有完
全解决"钱"这个问题，但我们依然喜欢着对方，我们同舟
共济。

人比观点重要

问题具有欺骗性，它们总是试图让我们相信它们不是症
结所在。

它们在"撒谎"。

要解决的永远是问题，而不是人。人际关系是一项需要
双方配合的团队运动。就事论事，双方就能合力处理问题。

本章标题是"如何改变他人的想法"。乍一看，我们大
多数人可能会说："很明显，你已经告诉我们了，我们改变
不了他人的想法。是否改变取决于他们自己。"如果我们像
大多数人一样使用事实和逻辑，那的确改变不了他人的想
法，但在拥有高度信任的真诚关系中，人们愿意改变。

这些年来，我和我的太太改变了对很多事情的想法，因
为我们愿意这样做。我改变了很多，而我们在很多事情上仍

有分歧。我们深知幸福来自于我们的关系，而不是想法的正确性。

如果你知道别人在乎，你就更有可能改变他们的想法，他们也更有可能改变你的想法。这种情况只会发生在面对面的沟通中。（有人说，想要让脸书或推特上的争论更有成效，最佳方法是不在这两个社交媒体上争论。）

想要改变他人的想法？也许要从愿意改变自己开始。

第11章　如何通过提出正确的问题来建立自信

吾有知乎哉？无知也。

有鄙夫问于我，空空如也。

——孔子

你想知道能让人觉得你很聪明的方法吗？那就是"不要说话"。虽然这个方法不实用，但是的确有效。如果你不说话，会出现以下两种情形：

1. 你不会说出任何在将来可能会使你感到后悔的话，所以你永远不用反悔或道歉。这解决了你可能在错误的时间说错话的问题。

2. 每个人都会认为你很自信且有智慧。所罗门王曾说过："愚人闭口不言，也算是聪明。"

当有人滔滔不绝时，其他人可能会认为他只是在闲聊。但如果有人默不作声，其他人可能会认为他非常自信，不需要大声说出自己的观点。

问题是，当我们有想要表达的东西时，不说出来会让我们感到沮丧。通过本书，我们将学到如何带着勇气和同情心来沟通，在适当的时候用精练的语言大胆吐露心声，让我们说的话产生更大的影响力。当我们还没有完全掌握谈话技巧时，尤其是当我们感受到压力很难想清楚该说什么时，如何才能娴熟地和对方交谈呢？

有一个简单却容易被大家忽略的技巧，优秀的沟通者常常使用，而其他人却常常忽视，那就是提问。

当我们很难进行有效沟通时，我们会想：我需要学习如何才能更好地沟通。在我们看来，这意味着我们应该学习更巧妙的谈话技巧。不幸的是，这会迫使我们在当下更认真地组织语言，更快速地思考。这样一来，使谈话顺利进行的责任全落在了我们的身上。

但如果我们能练就提出有价值的问题的技巧，即便是说话最少的人，也能主导谈话。我们无须提出高明的观点，只需提出问题来深入了解对方的想法。这能让整个对话更有深度。

不要以为提出一个接一个的问题，我们就不必表明自己的观点了，提问并不是回避谈话的技巧。它只是帮助我们为其他人建立一个谈话的框架，同时我们也能适当地表达自己的观点。

我们用让车前行来类比。如果你认为自己有责任在整个谈话中都不说错话，那就好比你在车后面推着它走。你或许可以坚持一段时间，但你最终会感到精疲力竭。如果你善于在正确的时机提出正确的问题，那就好比你坐上了驾驶座，开始驾车。你不会感到疲惫不堪，而且你还可以设定目的地。

如果你是一个一直都在努力的人，这对你而言会是一种全新的谈话方式，会让你在任何情况下都能展现出不同程度的自信。

锻炼你的"提问肌肉"

大多数人都认为自己对每件事的认识都是正确的。这不一定是因为我们骄傲自大，只是因为我们最清楚自己的观点。我们接收的信息造就了我们的观念。如果我们对某件事非常了解，就很难理解为什么其他人会有不同的看法。

其他人也相信自己是对的。他们可能有不同的观点，但他们很清楚这些观点，就像我们很清楚自己的观点一样。如果谈话的双方都认为自己是对的，我们可能会开始用事实和数据来告诉对方为什么他们是错的。这样一来，正常的谈话就变成了辩论，其结果将是争出输赢，而不是建立起更牢固的关系。

这就像一个人看着房子的正面对其进行描述，称房子设计得像一栋高价豪宅，景观植物修剪得非常完美。而另一个人从同一栋房子的后面对其进行描述，称房子的油漆已经剥落，草坪已经好几个月没有修剪，露台年久失修。两人都看得很清楚，并且无法理解为什么对方看不到同样的东西。他们隔着这栋房子来回叫喊，想说服对方搞错了。

提出好的问题可以改变整个局面。它会让你走到房子的后面，看看别人看到的景象，而不是只专注于你看到的景象。然后你们再走到房子前面，重复这个过程。

当出现这种情况时，我们不需要知道所有的答案。我们不是要证明对方是错的，而是要去理解对方。我们可以百分之百地相信自己看到的一切，我们还可以通过接收新的信息拓展自己的视野。提出正确的问题能让我们共同成长。

做到这一点需要谦虚。我们必须完全诚实地审视自己的沟通技巧，看看我们是冲着房子的另一面大喊大叫，还是走过去看一看。

怎样判断你用的是哪种谈话模式？试试以下四个方法：

1. 记录你在谈话中发言的频率，而不是记录提问的频率。在一天中的几次谈话中，你要保持专注，可以将你观察到的东西写下来。然后对你的发现进行分析。你有没有在一些特定的时间，与一些特定的人，就一些特定的话题进行讨论时，倾向于说服对方而非互相探讨？

2. 谈话时，注意你要说的话。如果你要发表意见或给出观点，看看能不能把它变成一个开放式的问题（面对这样的问题，对方不能只给出"是"或"否"的答案）。与其说"他们需要重新考虑整个项目"不如说"你认为他们应该怎么做才能得到更好的结果"，与其说"你应该休息一段时间，放松一下。"不如说"你可以做些什么来缓解自己的压力。"

3. 提前计划一次谈话，在这次谈话中优先考虑提问而不是发表意见。你只需试验一下，看看自己能问多少问题，然后再发表意见。注意你的提问会给人什么感受，以及对谈话结果有什么影响。

4. 如果你意识到你刚刚在谈话中给出了很多意见，承认自己没做好，并提出一个问题来改进。也许你可以说："我给了你一堆关于如何处理这种艰难关系的建议，但我知道这可能无济于事，因为你比我更了解实际情况。你认为现实可行的选择是什么？"

提出绝佳问题

你可能会认为，自己需要带一份列了许多问题的"小抄"来推进谈话。这样做会有一定的用处，因为它会帮助你在与人交谈的过程中有意识地提问。但对于大多数谈话来说，这个过程要简单得多。如果你学会了三种特定类型的问题，你就能和任何人一起进行探讨，而且你不需要多么聪明或思维敏捷。把这些问题当作一个可以应用于任何谈话的框架，无论谈话朝哪个方向发展，你都可以完全灵活地运用它。

以下就是提问框架，你需要按顺序提出各种类型的问题：

1. **从开放式问题开始**。在讨论议题时，最好避免提只有"是"或"否"两种答案的问题。提开放式问题可以让对方有机会表达他们的想法和观点，而不是只用一个词来回答。问一些类似于"你对此有什么看法"的问题。

2. **接着提出更深层次的问题**。如果他们给出了基本的信息，分享了他们的想法和观点，不要让谈话就此结束。你可以直接说："再多和我说说。"这样他们就能让谈话更加深入。同样类型的提问还有：

- "你还有什么想法？"
- "那将会怎样？"
- "你会怎么衡量？"
- "你有什么感觉？"
- "你有什么顾虑？"
- "还有别的吗？"

你不必提前计划这些问题。只需仔细听对方说，然后变着花样地表达"再多和我说说"。

3. **提出一个复盘问题来明确立场**。确保双方互相理解并达成一致的一个好办法就是总结对方说的话，并询问他们是不是这样。"让我看看我理解的对不对。你的立场是（总结他们说的话），对吗？"如果你说对了，他们会给你肯定的回答。如果你说错了，他们可以根据需要重新表明自己的立场。一旦他们这样做了，你可以重新总结，以确保你们能够达成一致。

这样做的目的是明确对方到底在想什么。大多数人在向别人提问后，就会接受第一个回答，把它当作最终答案。但这种进一步扩展的提问过程增加了谈话的价值，因为它能让你深入到表面之下，了解对方的具体想法。它能让答案更清晰，能帮助人们准确地沟通，避免产生误解。

你不会在每种情况下都去提问，但如果你想更多地了解对方的想法，提问会是一个简单好用的工具。

年长的人如何教我们沟通

我们往往认为自己在大多数情况下都是客观的。但你是否有过仅凭外表就对他人下结论的时刻？你对他们一无所知，但你会根据他们的种族、性别、年龄或行为做出假设。

当某个人和你相像时，你会更快地适应与他相处。

如果你喜欢某个人，你可能会认为他没有缺点。

你过去和某个群体打过交道，对这个群体的印象会投射到其成员身上（比如，如果这个群体看起来很懒散，你可能会认为群体中的每一个人都懒散）。

你对富人和穷人的态度不同。

举一个与年龄相关的例子。假设你正和一个比你年长或年轻的人一起工作。如果他比较年长，你可能会假设他不擅长使用新技术。如果他比较年轻，你可能会假设他过分依赖新技术。这两种假设可能都不成立，而且还会妨碍你发现真相。

这时，抛开任何先入为主的想法，通过提问来了解对方的经历和观点是很有价值的。

几年前，我与一位88岁的老太太玩拼字游戏时，就明白了这个道理。英语是这位老太太的第二语言，而我对英语很了解，拼字游戏也玩得很好，所以我觉得她没有胜算。

结果我输了，输得很惨。

我的亲家邀请我们去过感恩节，拼字游戏是饭后的传统游戏。我和安吉（Angie，我的对手）坐在桌前，把字母牌排好。我先开始，得意扬扬地拼出了脑子里跳出来的第一个四个字母的单词。

她在第一局就用完了手中的所有字母，其中一个词还得了双倍分数。我以为她只是比较走运，但事实是，整场游戏她的发挥都是如此。我拼出的都是低分单词，她拼出的都是高分单词。

我不记得她的最终得分了，但是她的游戏技巧让我叹为观止。当我问她怎么会如此擅长这个游戏时，她谦虚地说："哦，我想我一直都很擅长玩文字类的游戏。"她告诉我，她在墨西哥长大，她的家人经常玩棋盘类游戏。

玩游戏时我忘了她的年龄。她和我一样，和我们所有人都一样，不一样的只是她有着88岁的躯体。她可能不了解最新的技术，她的人生观可能更传统，但我们在同一趟人生旅程中，只是她比我走得更远而已。

我突然想到，我可以向那些在人生路上走在我前面的人学习。这就像在探索一个新的国家时得到一本旅行指南，它会给你一个大致的预期。我不必按部就班地做完指南上提到的所有事情，但它让我知道我可以从哪里出发，哪里特别值得探索。如果没有这本指南，我可能会错过令人叫绝的当地特色。

如果整个过程中两个人都在互相交谈，那他们只是在交换想法，以便给对方留下一些印象。如果他们有足够的好奇心去提出一些真诚的、带着关怀的问题，那么他们就能有所发现，让彼此的人生之旅更加丰富多彩，并在这个过程中建立起真正的关系。任何一方都不必放弃自己的观点，转而接受对方的观点。他们可以只是探讨立场，以便相互理解，而不是相互说服。

我可能很容易因为安吉的年纪而不自觉地对她做出一些预设，但这样我会错过为人生之旅添彩的可能性。我们常常忽视年长的人，认为他们老派守旧、故步自封，但是我发现事实往往相反。他们有着来自人生阅历的智慧，但他们不会把这些强加给不重视他们观点的人，所以我们便错过了向他们学习的机会。

年长的人也曾经是少年。他们也经历过学业、恋爱和自尊方面的难题。他们与父母争吵，与老师周旋，努力找到第一份工作。他们是真实的人，有技能，获得过荣誉，参加过各类活动。他们跳舞、唱歌、玩耍。他们追逐过梦想，也经历过悲伤。他们爱过，失去过，最终渡过了难关。

如今，岁月逝去，他们面临着衰老的挑战。但在内心深处，他们还是那个人。他们历尽千帆，了解了生活的真谛。而我们可以从中汲取教训。我们不必与他们走同样的路，但他们的观点对我们来说是无价之宝。

与年长的人谈话是练习提问的一种方式。其实你和任何人的谈话都可以这么练习。以下是一些建议：

- 放慢节奏，和他们相处。
- 问一些关于他们生活的具体问题：

  你十几岁时的约会是什么样的？

  放学后你常常做什么？

  你对什么样的事情充满热情？

  谈谈你的第一份工作。

  你和父母的关系是什么样的？

  你在成长过程中害怕什么？

  如果人生能重启，你会做哪些不同的事情？
- 在他们说话时认真倾听，有不懂的地方再提出问题。
- 谈谈你在人际关系、工作、健康或未来规划方面遇到的挑战，问问他们："如果你是我，你会怎么做？"你不必完全按照他们说的去做，但是可以借鉴他们的观点。

这就是提问的神奇之处。通过提问，你能引领一场精彩的谈话，有很多话题可以聊，学到很多的东西，建立牢固的关系，而且你不需要说什么高明的话。

力求简单

我们很容易认为，只有在让我们心生畏惧的高难度谈话中才用得着这些提问技巧。但我发现，提问几乎适用于所有情况。我曾经对儿女、孙子、同事、朋友，以及和我交谈过的几乎所有人使用过这些技巧。我们的目的是提升沟通技巧，即探索对方立场的技巧，而非表达技巧。这意味着你要走到房子的另一边。

不要为此做过多的计划，只要练习就可以。提问必须是真诚的，你要真心渴望了解对方的观点。如果你把提问当作是让对方觉得你在乎他们的一种手段，那么他们很快就能识破。记住一点：你是在争取一段关系，而不是在进行一场辩论。

这周就去试试吧。在你接下来的几次谈话中尝试问一些问题，看看会发生什么。我相信你会大吃一惊，你会有不同的想法。

它可以让你在每次谈话中都拥有自信！

第12章　结果导向的谈话

如果你不知道要去哪，你哪里都去不了。

——尤吉·贝拉（Yogi Berra）

几年前，我和朋友史蒂夫（Steve）到埃塞俄比亚做客，我们坐在车的后排，主人戴夫（Dave）开车带我们穿过亚的斯亚贝巴周围的乡村。戴夫以传教士的身份住在那里，对这个地区非常熟悉。史蒂夫去过非洲很多次，但那是我第一次去非洲。我对看到的一切都很好奇，向他们抛出一个接一个的问题。

在行驶过程中，我看到一些生锈的大型拖拉机停在田地中间。我好奇地问戴夫："为什么它们会停在那里？它们从哪里来？"戴夫给我讲述了来龙去脉。

他说："几年前，一群慷慨的美国人来到这里，问农民需要什么帮助。农民说需要牛来耕田。回国之后，美国人决定要给农民提供更大的帮助，于是买了拖拉机，并找人运了过来。他们认为这会是一份'超出预期'的礼物，以此来显示他们的慷慨。"

他接着说:"农民很有礼貌,对这份礼物也很感激。但他们付不起油费,也不知道如何保养拖拉机。他们对耕牛了如指掌,但对机器一窍不通。所以,从那时起,这些拖拉机就一直被遗弃在田地里。"

这些美国人认为自己知道什么是最好的,却不倾听对方的需求。如果你询问他们此行的目的,那么答案可能与慷慨解囊有关。他们比大多数人拥有更多的资源,所以这不失为一个利用资源帮助他人的好机会。他们想做慷慨的人,赠送拖拉机就是展现慷慨的一种极端表现。他们的目的是捐助。

问题是,这份礼物不能满足农民的需求,它只满足了美国人自己的需求。农民需要更多的用于耕地的资源,但"慷慨"的美国人试图从自己的角度出发来满足对方的需求。这是一个高尚的举动,但结果却不尽如人意。

真正应该达成的目标是什么?不是给农民送拖拉机,也不是给他们耕牛。理想的结果应该是给农民提供他们需要的东西,让他们有收成。如果一开始就聚焦这个结果,那么每一个决定都可以以结果为导向。

有人曾说过,建筑工人买有 3/4 英寸钻头的电钻并不是因为他们想要 3/4 英寸的钻头,而是因为他们想要 3/4 英寸的孔。孔是结果,而钻头只是实现目的的工具。

大多数对话也是如此。和熟悉的人轻松闲聊会让我们感到舒服自在。但在重要的或有挑战性的谈话中，你首先要想清楚这次谈话要达到什么目的。如果没有想好明确的目的，当面临压力的时候，你就很容易兜圈子。如果你知道一场高风险谈话要达到的目的，你就能够衡量该说什么（以及不该说什么），以获得你想要的结果。

你能在谈话中控制什么

"但这没有意义，"你可能会这样说，"谈话内容变化莫测，你无法把它导向某个方向。你永远不知道对方会说什么，或者他们会作何回应。"

这的确是事实。你无法控制谈话中所有的未知因素，而且未知因素有很多。你试图控制整场谈话就像是试图用逻辑来说服一个十几岁的孩子，结果令人沮丧。但你不必完全掌控谈话。你能控制的只有你自己。你可以选择你的谈话开场方式、谈话走向、说的话，以及回应的方式。你可以为每次谈话设定一个明确的目的，让它影响你的言行，而不是别人的言行。

你要做的就是明确：为什么我要进行这次谈话？我想要的结果是什么？明晰你想达到的目的，以及实现这个目的的重要性，这就是你在谈话中的导航作用。

确定你的目的需要结合两个因素：

1. 你对自己的信心。
2. 你和对方的关系。

你对自己的信心

自信不是傲慢，是对"你是谁""你相信什么和重视什么"的深刻认知。你越有安全感，别人对你的威胁就越小，无论威胁以何种形式出现。自信并不体现在去纠正、拯救或改变对方，而体现在做独特的自己。你的独特性是你在谈话中最有力的工具。

当你感到自信时，你不会因他人的学识、个性或要求而感到畏惧。你能观察谈话的动向，而不是被迫卷入争论之中。这能够让你更专注于结果。

你和对方的关系

并非所有的谈话伙伴都有平等的关系。我们或许可以把他们放在一个连续统上，以帮助我们确定谈话的目的。连续统的一端是事务型谈话，另一端是关系型谈话。二者可能会有重叠，但分类原理是这样。

你和其中一端的人偶有谈话，但彼此之间没有什么关系。他们可能是咖啡店的员工，把包裹送到你门前的快递员，或是每年上门检查你家有没有白蚁的人。在这些情况下，你谈话的目的主要是处理事务：得到你想要的饮品、完好无损地收到包裹、灭除那些吃木头的小白蚁。这并不是一段深刻、长期的关系，所以你的目的就是顺利做完这些事。

另一端是你生活中最亲近的人，你对他们有着长期的情感投入，因为你经常和他们互动，或者还在一起生活。这些人包括你的伴侣和孩子、大家庭成员、亲密的朋友、教会的小团体成员或邻居。你们之间也会有事务型谈话，但在大多数情况下，你们谈话的目的是加强彼此之间的联系。

大多数人会处于这个连续统的中间位置，比如你的老板、客户、医生或普通朋友。你可能和他们有一些事务型谈话，但你们之间也有一定程度的关系型谈话。

确定对方在这个连续统上的位置，能够帮助你确定谈话的目的。谈话目的越明确，你就越有勇气说出该说的话，越能避免说出事后会让你感到后悔的话。

谈话的结果

在生活的大部分领域中，结果都至关重要。不论是度假、职业选择还是退休规划，你都需要有明确的目的。否则，你就只是在进行公路旅行，你的唯一目的就是开车。如果你的目的地值得一去，那么这趟旅行就值得计划一下。

我们认真规划假期，是因为我们想让每个人都玩得开心。我们计划搬到新家，是因为我们希望有足够的空间和更好的布局来满足我们不断壮大的家庭。而我们计划购买新车，是因为我们想要体验驾驶新车时的那种感觉。

谈话也是如此，但可能大多数人都没有想到这一点。人际关系是我们人生中最重要的部分，但我们却不花时间去为我们想要的结果做计划。我们认为谈话只是自然而然发生的，过程要么顺利，要么不顺利。谈话不是需要我们做计划的事，因为我们无法预测谈话结果。

我们都有过这样的经历，在需要说出口的时候没有勇气，自己僵在那里，或者当时说了话，说的却是一些令自己感到后悔的话。我们做计划的主要目的就是避免这两种情况的发生。为此，我们需要为自己想要的结果做计划。

该怎么做计划呢？

任何重要的谈话都应该从提前做功课开始。提前确定好你想要的结果是什么。这并不仅仅是在脑子里想一想希望谈话进展顺利这么简单，而是要确定你希望看到的谈话的结果。

你想与对方更亲近吗？你想更好地了解对方吗？

你想让对方理解你吗？

你想让对方知道一些关键信息或事实吗？

你想就某一个主题展开讨论吗？

你想加强联系吗？

你想建立信任吗？

你需要做决定吗？

你只是在找乐子吗？

这并不需要花费很多心思。通常，你能在谈话前轻松做到，你只需问问自己想要的结果是什么。这样做并不会影响你在谈话中的自由发挥，只是让你清楚这次谈话的目标。

当然，并不是每次谈话都需要目标。对于有高风险的、涉及重要的人际关系或者结果不确定的谈话来说，明确目标更重要。和任何有价值的目标一样，明确你的谈话目标会改变你的沟通方式。

这有点像家庭度假，你们要驱车从洛杉矶赶到纽约。你从没去过那里，所以你的目标是到达纽约并和家人享受在这座城市里的时光。你怎么知道自己到达纽约了呢？你会看到帝国大厦。

一旦你知道了目的地，你就会开始计划如何到达那里。你在电脑上打开一个地图网站，因为开车去纽约有很多不同的路线，你要选择走哪一条。可能你想走最快的路线，也可能你不赶时间，想走一条风景优美的路线。或者你想避开沙漠和山路，或者你想穿越从未去过的州，也许有机会你还想徒步或骑行。在每一种情况下，地图都可以帮助你确定路线。

有了这些信息，你就可以开启旅行了。你上了车，开始驾驶，但你发现前面道路封闭，你会掉头回家吗？不，你（或者你的导航系统）会寻找另外一条路线。哪一条呢？只要能通向纽约，哪一条都可以。到达纽约就是你要的结果，所以它影响着你一路上做的每一个决定。

谈话也是如此。谈话中可能会出现意想不到的问题，你不知道该如何回应。但你不必停止谈话，转身离开。你会找到一个让你朝着目标前进的解决方案。弄明白你想从谈话中得到什么，然后就把它当成目标。

如果你曾经想不明白为什么某些谈话的结果让你沮丧，那可能是因为你去了一趟言语上的旅行，没有目标。

事务型谈话的技巧

当你要与他人进行事务型谈话时，花时间想清楚你想要什么以及你需要什么。不要只关注细节，因为这很容易让你陷入琐碎的事情之中。想清楚你要的结果是什么？

如果你想买车，优先考虑对你来说重要的因素：

- 可靠性有多重要？

- 里程、大小和外观有多重要？

- 你要开车做什么？

- 你的预算是多少？

- 如果你买一辆皮卡车，你的朋友会不会突然都需要你去帮忙搬家？

- 你为什么需要这辆车？它能让你做现在做不到的什么事？

- 最后一个问题是最重要的。你买车不是为了有一辆车，而是因为这辆车能帮你做成的事情。这就是目的。

  把你的答案写下来可能会对你有帮助，当你感到有压力的时候，可以拿出来参考。当你的目标非常清晰，想要的结果非常明确时，谈判就会更加容易。销售人员可能会提出一些听起来可行的建议，但你始终用你的预期结果来衡量这些建议，问问自己：这能帮助我实现买车的目的吗？还是只会干扰我的选择？

处理任何事务时，明确你的需求都会让谈话更简单，让你能更轻松地参与其中。

关系型谈话的技巧

我们和长期相处的人进行的谈话通常是关系型谈话。他们一直都在我们身边，努力维护和他们的良好关系是值得的。这是长期的投入，维护好这些关系对我们来说就是最值得的投资。在每次谈话中，我们都要考虑如何让投资增值。

以下是长期投入的五个原则：

1. **当我们打算保留一些东西时，我们会更加悉心照顾它们。** 当我们抱有长期维系一段关系的心态时，我们就会花必要的时间来让它保持良好的状态。我们知道，如果把这种关系视为理所当然，就是在拿长期的结果冒险。

2. **关系需要定期维护。** 无论我的车洗得多么干净，只要在外面停几天，它就会变脏。它永远不会自己变干净。让我们的关系保持"干净"，需要有意识地维护和定期关注。当我们意识到不良的言语或者态度出现时，就应该大方地承认并尽快处理。

3. **关系需要得到保护。** 如果有一层防护蜡保护车的话，尘土、鸟粪和树的汁液就不容易破坏车漆。如果没有防护蜡的保护，它们就会直接腐蚀并毁坏车的漆

面。保护一段关系和给汽车打蜡一样，需要定期
进行。

4. **日常维护比维修更容易**。维护我们看重的关系需要
花费时间和精力，但修复出现问题的关系要花更多
的时间和精力。

5. **不带着目标去努力，关系就会恶化**。当我们因为最
重要的关系没有大问题或没有明显的问题而视它们
为理所应当时，它们便会悄无声息地恶化。我们只
会在关系变得令人痛苦时才会注意到这一变化。

目的模式

明确每次谈话的目的不需要花费很多时间或精力，只需
要事前仔细思考。几乎没有人做这件事情，但其回报可能是
巨大的。

想让你的谈话有效果吗？明确你的目的！

第13章　谦逊而不软弱

这个世界需要的是谦逊的天才，

而这样的人太少了。

——奥斯卡·黎凡特（Oscar Levant）

当我们第一次见到某人时，通常会说："嗨！最近怎么样？"典型的回答是："挺好的。你呢？"这样的对话并没有太多意义，更像是谈话启动器，让谈话进行起来，就像是划动火柴点燃篝火。你不能用火柴上的小火苗来烤棉花糖，但它能引燃篝火。

你是否有过这种经历，你问对方："最近怎么样？"然后他们接话，告诉你交通有多糟糕，在餐馆里碰到了令人恼火的人，以及要是某位政客不在位该有多好。这感觉就像他在你的问题上泼了一杯汽油，一发不可收拾。你会想：我其实不想知道你的近况，我只是出于礼貌问一问罢了。

在任何谈话的初期，我们都在试图了解对方是怎样的人。我们寻找共同点来进行讨论，并开始跟对方分享自己的想法和观点。潜意识里，我们是在评估对方，以便决定怎么看待他们。我们在听对方的语气，观察他们的表情和肢体语言，领会他们说的话，寻找蛛丝马迹来判断他们是怎样的人。

如果他们看起来开放又真诚，我们往往会喜欢他们；如果他们看起来做作又傲慢，我们往往会讨厌他们。我们很快会形成一种看法，无论对错，一旦我们有了这种看法，就很难再改变。

同时，我们知道对方也在以同样的方式打量自己。不知不觉中，我们精心打造着自己想要呈现的形象，这样他们就能看到我们最好的一面。我们不会告诉他们自己所有的失败、恐惧和不安，因为这可能会让他们不喜欢我们。我们不想显得软弱，所以无论自信与否，为了给人留下好印象，我们都表现得很自信。

正如作家梅尔·施瓦茨（Mel Schwartz）所说，"表现得有实力依旧只是在假装而已。"他还说道："当我们表现或假装得与真实的自己不同时，我们便抛弃了真正的自己……试图让别人对我们的看法朝着我们希望的方向发展。"他认为，如果我们的自尊来自于他人对我们的看法，那实际上是"他尊"。因为这来自于他人，而非我们自己。

当我们评价他人时，如果他们真诚、真实、不做作，我们就会被他们吸引。如果我们觉得他们不真实，我们就不会有和他们建立关系的兴趣。即使他们什么都没说，我们也会感觉到他们展现的是人设，而非真正的自己。我们为什么要费心与一个不真实的人建立真诚的关系呢？

真实是一种力量，会把人们吸引到你身边。隐藏真实的自我是一种软弱，会让人不愿意与你建立关系。

连接人与人的桥梁是谦逊。

假装谦逊

我遇到过一个人，他的大部分职业生涯都在做人力资源总监，为公司的空缺职位面试应聘者，挑选人才。他告诉我，在过去的几年里，他大概组织了几千场面试，因此他很擅长从应聘者的回答中读出他们的言外之意。

我问道："你见过的导致应聘者落选的最常见因素是什么？"我想可能会是缺乏经验、准备不足或者是着装问题。

"谦逊为虚，自夸为实，"他说，"我让他们告诉我，他们最大的弱点是什么，他们说：'我总是为别人拼命工作。'或者说：'团队合作对我来说太难了，因为我是一个完美主义者。'他们假装谦逊，想让我相信他们有多么适合这份工作，而我知道他们说的并不真实，或者并不是弱点。这是'不诚实'的表现，所以我不会录用他们。"

大多数人都明白，真正的谦逊和坦率对别人是有吸引力的。如果我们内心感到不安，我们开启的将是恶性循环。

1. 我们感到不自信，所以我们认为自己必须看起来完美。

2. 然而，我们知道完美的人看起来不真实，所以完美的人不招人喜欢。

3. 我们知道谦逊对人有吸引力，所以我们假装谦逊。

4. 对此人们通常会有两种反应：要么把我们捧得高高在上，无法和我们建立关系，要么感觉到我们是在假装谦逊。

真正的谦逊很难做到。而谦逊的人往往意识不到自己的谦逊。当你开始注意到自己的谦逊时，你就很容易引以为豪。这就像麦克·戴维斯（Mac Davis）唱的那首乡村老歌："当你各方面都完美无瑕的时候，想谦逊点很难。"

我们倾向于认为，要想出人头地，就要积极进取。谦逊听起来恰恰相反，就像你把枕头绑在肩上代替护具去打橄榄球。事实上，当你不再认为自己比别人好或差时，你就会变得谦逊。谦逊就是认为包括你自己在内的每个人都有价值，因为每个人都是独特的个体。

做独特的自己就是过自己的人生，世界上的每个人都有自己的人生。我们都在不同的旅程中，努力寻找自己的路。

当我们把自己的旅程和别人的旅程相比较时，很容易认为自己的旅程比别人的旅程更好或者更差。这意味着我们试图踏上别人的旅程，而这是徒劳的。

　　如果你把自我价值建立在他人对你的看法上，你会希望他们看到的你是强大的，你会觉得谦逊只会让人感觉你懦弱，你会觉得"不如别人"。只有当你因为自己的独特性建立起自信时，谦逊才会成为一种力量。当你的内心有安全感时，你就不会觉得有必要给他人留下深刻印象。你不必吹嘘自己的成就，因为你是怎样的人不需要成就来证明。真正的谦逊伴随着真正的自信，它来自于从正确的地方获得自我价值。

　　当你真正有了自信，你就拥有了畅所欲言的工具，不会像以前那样欲言又止。你不担心他人会作何反应，因为他人的反应对你来说构不成威胁。同时，谦逊会让你更多地关注他人和他们的需要，而不是只关注你自己，你会让自己的言语更为温和，以免冒犯他人。你能在说错话之前闭上嘴，因为你对于在谈话中该说什么和不该说什么足够敏感。

真正谦逊的十个特征

　　当你还是新手的时候，更容易谦逊。工作的第一天，你知道的东西不多，不会自以为很专业。当你生完第一个孩

子，把他（她）从医院带回家时，你会发现自己不知道该做
什么，也没有说明书告诉你该怎么做。在这些情况下，谦逊
来源于承认现实，你知道自己的工具箱里空空如也。

随着时间推移，你的技能得以增加。你学会了在工作中
如何做事。在大多数情况下，你在某个职位上做得越久，你
就越擅长做这些事。当你成为高管时，你的工具箱已经满
了，你知道自己擅长现在的工作。一旦你的孩子过了青少年
时期，你可能会对自己的育儿技巧感到满意，并意识到应该
让孩子做选择，而不是遵从你的选择。

谦逊意味着你知道你擅长做的事情，也知道这并不意味
着你比刚刚起步的人更优秀。骄傲是指你希望别人因为你的
学识或技能而对你印象深刻。谦逊是不管自己几斤几两，都
有信心与任何人建立关系。你不会低估自己的能力，而会接
受现实。正如人们常说的那样，谦逊"不是妄自菲薄，而是
少考虑自己"。

那么，一个真正谦逊的人有什么样的特质呢？我们又该
如何在生活中培养这些特质？用谦逊之人的十个特质来进行
自我评估吧。

1. 关注周围的动态

自信而谦逊的人不会刻意去引起别人的注意。相反，他
们能敏锐地察觉到所有情况的动态变化。这既包括他们自己

的感受，也包括他人之间发生的事情。他们默默地观察着所有动态，在脑海中勾画出全局地图。他们看到的是大局，而不是变化着的细枝末节，他们关注他人，而不是关注自己的自尊。

2. 关心他人

谦虚的人会更多地考虑他人，而不是考虑自己。他们并不总是想知道别人对自己的看法，因为他们对自我价值足够自信。既然他们不寻求他人的肯定，他们就可以自由地为身边的人投入更多的时间和精力。自信使他们能够通过鼓励他人和满足他人的需求来帮助这些人成长并"变得更好"。他们寻找可行的办法来鼓励他们遇到的人，使这些人拥有面对生活挑战的精神力量。

《圣经》也强调这个观点："做任何事都不要出于争竞，也不可出于虚荣，而要以谦卑的心，各人看别人比自己强。各人不要单顾自己的事，也要顾别人的事。"

3. 善于倾听

谦逊的人更有兴趣了解对方的观点，而不是用自己的想法去改变对方。他们真心想知道对方的想法，因为他们关心这个人。他们的倾听就是对对方的尊重，因为这表明他们重视对方的想法。

4. 勇于认错

没有安全感的人不会冒犯错的风险，他们总是为自己申辩，指责他人。然而，人们总能看穿他们的伪装，不再尊重他们。一个真正自信的人不是完美主义者，他们对自己的人性有敏锐的感知。当他们犯错时，他们不会找借口，只会说："我错了。"

一个能够承认自己错误的人能与他人建立信任，因为他为人诚实。虽然承认错误并不是容易做到的，但它很有影响力。

5. 求知欲强

有些人认为他们的所有观点都是正确的，所以无须了解更多的信息。而另一些人虽然相信自己是对的，但总是在了解不同的观点，发展和完善他们的思维方式，所以他们有学习的动力，愿意根据新信息表达或增加自己的观点。他们有好奇心，想汲取他人的经验。

6. 心怀感恩

没有人能靠孤军作战获得成功。骄傲的人成功后会想"看吧，这是我取得的成就"。而谦逊的人也会承认他取得的成就，但是他从不吝啬向成功之路上遇到的每个人表达感谢。

公司的 CEO 会去收发室感谢一线员工的贡献。

成功人士会给他们的高中老师写张纸条，让他们知道自己有多么感谢他们的付出。

餐厅的顾客会留下一大笔的小费和一张纸条，上面写着"谢谢，你们照亮了我的一天"。

他们身上拥有作家金克拉（Zig Ziglar）所说的"感恩的态度"，这已经成了他们的生活方式。

7. 追求共"赢"

自信而谦逊的人有追求成功的动力。他们想赢，但绝不是以牺牲他人利益为代价。每当他们谈判时，他们都希望有一个能满足双方需求的结果。他们不主张划分"赢家"和"输家"，而是努力寻找互利的解决方案。如果找不到共赢方案，他们往往愿意放弃让他们成为赢家的交易，因为对方不能同样从中获益。

如果其他人在这个过程中有损失，那即便自己赢了，也赢得并不光彩。强者会帮助其他人也得到他们需要的东西。

8. 积极主动

积极主动意味着为自己的选择承担责任。谦逊的人从来不会指责或怪罪他人，因为他们自己做决定。如果自己的决定带来的结果不佳，他们会承担责任，并在必要时道歉。说"对不起"从来都不是软弱的表现，只有内在自信的人才能坦然地说出这三个字。

最好的领导者为自己的言行、选择，以及其后果负责。如果某个项目获得成功，他们会跟别人说："在你的帮助下，我们共同做成了这个项目。"如果项目的结果不佳，他们会说："这是我做的决策。最终结果并不理想，是我的错，对不起。"

9. 专注外界

缺乏自信的人总是想知道别人对自己的印象如何，以及别人如何看待自己。自信的人不需要关注这些，因为他们拥有内在的安全感。这让他们能够关心周围人的生活。

这就好像他们看到周围每个人的脖子上都挂着一个牌子，上面写着"让我今天的生活更美好"。他们的使命是鼓励每个人，让这些人拥有在生活中继续前行的愿景。谦逊的人会毫不吝啬地关心他人，他们希望在这个世界上留下印记。

10. 愿意寻求帮助

谦逊的人知道自己的认知有限，也知道自己没必要了解所有事情。他们了解其他人的价值，并且愿意接受其他人的帮助。他们知道自己了解什么，不了解什么，并且很快就会信任别人，让别人来填补自己的认知空白。当谦逊的人向别人寻求帮助时，他们知道这些人会因此变得"更好"，因为这些人的付出得到了重视。

启动步骤

如果你认为自己没有可以提供的价值，那么谦逊可能意味着消极。或者你可能因为成功而难抑骄傲，没有考虑过真正的谦逊能赋予我们巨大的力量。你可以从哪里开始呢？

看看上面十个特质，选择一条你想探索的。把它写下来，然后开始思考，想想你可以做些什么来检验自己有没有做到这一条。追求一点一滴的进步，而不是追求完美。当你成功完成一小步时，你就会拥有尝试一大步的信心。随着时间的推移，你会逐渐适应这个过程，并且拥有自己能影响他人的信心。

谦逊不是软弱。它能成为你在谈话和建立人际关系中最大的优势。

不遗憾的
沟通术

第三部分
由内而外的沟通

刚开始写这本书的时候，我去书店看了一下其他同类书，也在网上做了类似的搜索，买了一些书刊。我的目标是看看其他人已经写了些什么，这样我就能写点不一样的东西。

这些书刊大多数关注的是如何在谈话中更加自信，如何在交谈困难时说出自己的观点。内容包括在各种情境下使用的预设话术："当这种情况发生时，你可以试着这样说。"这样的建议很棒，就像我在很多自助书籍中看到的那些建议一样。这些年来，我读过许多这样的书，也认同其中的例子。我会回想起我遇到的类似情况，然后心想：当时我要是能这样回应就好了。

所以我买下那本书，希望以后再面临这样的状况时，它能对我有所帮助。但我发现书里的建议更适用于过去的遭遇，而不是未来。我总是觉得，我必须记住数百种不同的应答方式，才能在我有需要的时候做出正确的回应。当我真的遇到书里说的状况时，却永远记不起该怎样应对。

我会想："等一下，我需要查一下这本书，找一些话术。"

即使我记得该说什么，对方也从来没有像书里预设的那样回应我。我也许说得很好，但并不一定会被对方认同。当我们与真实的人打交道时，我们仍然需要协调关系，调整情绪，而不仅仅是做出巧妙的回应。

我知道可以写些什么了。其他的书关注的都是你可以怎么说，而不是你这个人。富有勇气的谈话不在于说出勇敢的话，而在于成为勇敢的人。

你的内在决定了你的外在。你不必假装勇敢，充分利用自己的独特性也可以让你对自己充满自信。

这就是我们一直在走的旅程，也是最后这一部分内容的重点。当你成为最好的自己时会发生什么？你会发现自己找到了真正的自信，这会让你踏上你的影响力之旅。你不用记住任何说辞，当你需要的时候，你可以大声说出富有同情心的勇敢的话。

你有深切的关怀之心，所以才能优雅地对抗。这不仅仅因为你的谈话技巧提升了，而是要你带着同情心和友善去沟通。你不再需要说冷嘲热讽的话了。

沟通是由内而外的。

第 14 章　如何为他人发声

从众很容易，坚守己见却需要勇气。

——甘地

亚伦（Aaron）和他的新老板驾车去城市的另一端参加
一场重要的会议。当他们到达时，停车场已经停满车了，眼
看就要迟到了。几分钟后，他的老板把车停进了入口附近的
一个残疾人停车位。附近人来人往，所以老板假装一瘸一拐
地走进大楼。亚伦非常看不惯健全人占用残疾人的停车位，
但因为害怕遭到报复，所以不知道如何去对抗自己的老板。
他选择了保持沉默。

如果你处在亚伦的位置上，你会怎么做？

大多数人都相信，在需要的时候，我们会有勇气说出自
己的想法，但我们常常会在最后一秒欲言又止。我们想得很
好，但有些情况让我们不敢说出来：

- 我们担心别人会怎么看我们，或对我们说什么。
- 高难度谈话让人觉得不舒服。

- 我们害怕破坏关系。

- 如果我们的自尊来源于他人的意见，我们就无法承担
  被他们反对的风险。

- 我们觉得其他人会说出来，不需要由我们来说。

- 我们只是不想牵涉其中。

但如果我们不发声，就会放任不公正的行为继续下去，
这对我们和其他人都是有害的。有时候，有些人在言语或
情绪上遭人虐待，但他们没有内在的勇气来保护自己。因为
不想干涉或被牵扯其中，我们对此保持沉默，而虐待仍在
继续。

如果你所在的工作团队正在讨论解决问题的方案，大多
数人都非常热情地支持一个你认为对年长群体不公平的方
案，你会怎么办？如果你不想被看成是反对派，最简单的做
法就是保持沉默。但如果你不说出自己的想法，你的沉默就
意味着你同意，而问题也得不到解决。

什么时候为别人发声是合适的？为什么这么难做到呢？
我们应该怎么做？什么时候做？

你会成为吹哨人吗

当我们意识到发声可能会产生的后果时，就很难付诸行

动。我们想站出来反对不公正的行为，但一想到后果，我们就会问自己：这么做值得吗？

在某些情况下，发声的后果可能只是令人感到不舒服罢了：

- 你想告诉服务员你的菜煮糊了，或者他们上错菜了。
- 你在结账时被冷落，因为收银员和别人正聊得起劲。
- 在餐厅里，你被迫听着邻桌的人大声打电话。

但是，如果发声的后果更严重，你又该怎么办呢？如果发声可能让你失去工作或一段关系。如果你指出了不公正的事，有人可能仗势对你打击报复，让你的生活苦不堪言。那个时候你怎么办？

几十年前，工厂的工人们靠工作维生。管理层虐待他们，克扣他们的工资，或做一些可能影响整个社区的不正当的勾当，但他们知道没有人会对此说什么。凡是发表意见的人都被称为"吹哨人"，并立即受到惩罚。

吹哨人是指发现问题并报告的人。他们的发声通常都伴随着一定的后果，尤其是在商界或政界。例如，如果一个人有证据表明他所在组织的领导正在做非法、不道德或危险的事情，他举报此事是有理有据的。他可能会因为以下几个原因而犹豫不决：

- 害怕丢掉工作。

- 虽然不会被解雇，但那些领导可能会让自己的生活变得痛苦，或者阻碍自己的职业道路。

- 自己可能看起来很愚蠢。

- 自己的发声可能会让别人的情况变得更糟。

- 如果其他人因为自己曝光了这件事而失业，自己会受到指责。

- 担心自己将不得不在公共场合作证或分享，当人们提出尖锐的问题时会感到害怕。

为了防止这些情况发生，美国在 20 世纪 80 年代末发布了《吹哨人保护法》，允许人们匿名说出他们观察到的情况，而不必担心引发的后果。他们必须提供大量的证据来证明自己的说法，以防止他们随意提出指控，但他们不必透露自己的身份。这为人们提供了一种不需要当面对质的发声方式。

同样的原则也适用于人与人之间的关系。有些人的行为可能是有害的或不诚实的，他们这么做破坏了和谐关系。我们看到了这一切，想发声抗议。但是，因为我们无法匿名发声，而且没有"吹哨人保护法"来保护我们和我们关心的人，所以发声的后果会落到个人的身上，对我们的影响也更大。

当你读到上面这段话的时候，你有什么感觉？看看以下

这些描述有没有跟你的感觉吻合的:

- 你感到内疚，因为在你认为应该为别人发声的时候，你却没有这么做。
- 你听到或看到的情况让你觉得：这是不对的。
- 其他人似乎更善于表达，你需要花更长的时间来组织语言表达你的想法，所以你没有足够的自信说出自己的观点。
- 发生了太多不公正的事情，让你感到不知所措。
- 你只是一个人，而问题却很大，所以你觉得你说的话不会有什么用。
- 你想说些什么，但害怕被大家厌弃，害怕因此产生的后果。
- 你觉得要等你对自己的观点有信心的时候才能发声。

这些都是合理的顾虑，不是单凭一句"只要拿出更多的勇气，去做就行"就能解决的。这就像人在车祸中受到伤害时，有人告诉你"只要止血就行"一样。在我们能够以我们想要的方式发声之前，还有更大的问题需要解决。否则，我们的发声就很有可能没什么影响力。

好消息是你有发声的权利，你也有话要说。更好的消息是，你有利用好自己的话语的能力，这是可以精心打造和习得的技能。关键在于你用什么方法实现，它必须源自你的特质。

没有人比你更适合做你自己。

在行进的乐队中演奏大提琴

我们没有足够的自信为他人发声的原因之一，是我们对这件事情的认知还不到位。看到发声的人产生的影响力，我们会认为自己也需要发声。如果人们在抗议，我们会认为合乎逻辑的做法是加入他们的抗议。如果其他人在社交媒体上争论某个问题，我们会认为自己也需要表达观点，加入争论。如果一些家庭成员对其他家庭成员一而再，再而三的行为感到愤怒，我们会认为我们需要以同样的方式来表达我们的愤怒。

问题是，如果我们只是把自己的声音加入到众人的声音中，它会被稀释，就像是我们把一滴水倒入大海里一样。当人们说"加入我们吧。我们需要你的支持，因为人多力量大"之时，我们会感受到压力，觉得需要参与进去。这话有一定道理，因为事态越大就越难被忽视。

但我们说的是你自己要有与众不同的作为。你可以产生别人无法产生的影响，而且你不需要改变自己的特质就可以做到这一点。竞选公职、在市议会会议上发言，或参加抗议活动，这些可能不是你的兴趣所在；尽管它们往往会是想要有所作为的人首先想到的事情。你的特质是你产生影响力的基础，它使你更容易有真正的作为。

已故演讲者兼作家吉米·罗恩（Jim Rohn）说："成功在于逆众而行。"

当我们加入大众，做他们正在做的事情时，我们的独特性就会被埋没，我们最有价值的贡献可能会被忽略。这就像是一个加入行进乐队中的大提琴演奏家一样：人们可能会注意到你，但仅仅是因为你看起来格格不入。当你欣然接受自己的独特性，去做别人没有做的事，说别人没有说的话时，你的影响力就产生了，因为别人不是你。

在电影《重返荣耀》中，威尔·史密斯（Will Smith）饰演的高尔夫球童说起话来像个哲学家。他在一个场景中说道："在我们每个人的心里，都有一个精准可靠的挥杆动作，这是本就属于我们的东西，是无法通过学习学到的东西，是必须记住的东西。"

找到你内心的挥杆动作，你就会知道如何发声。

如果你觉得必须大嗓门，才能为某件事或某个人挺身而出，那发声这件事似乎有点可怕。为自己发声已经够难了，有时候还要为别人发声，那就更难了。对很多人来说，保持沉默，让其他人去解决这些问题会更容易。但当你保持沉默时，人们会认为你同意大家的观点。如果你不发声，最终得到的只是虚假的群体共识。

我们从哪里开始

我们可以看到，社会上存在着很多需要关注的不公正现象。世界各地的人道主义、道德和宗教问题需要处理，哲学和政治立场值得关注。再看看我们的身边，工作上发生的事情带来深深的挫败感，家庭成员做出的选择令人痛苦。所有这些问题都迫切需要关注，而那些与我们息息相关的问题会牵动我们的心。

这些问题都是真实存在的，而且大多数看起来都至关重要。我们对于其中的许多问题想要发声。但我们的能量是有限的，我们关注的问题越多，影响力就越弱，挫败感就越强。我们关注的范围越窄，影响力就越大。

这意味着我们要选择"战场"。改变世界很难，但我们可以在力所能及的范围内有所作为。我们首先要接受自己作为人类的局限性，知道要把哪些问题留给别人去关注。这些留给别人的问题仍然会牵动我们的心，但不会占用我们的精力和注意力。这样我们就可以聚焦一些问题，为此发声，并取得成效。正如古语有云："若你同时追两只兔子，你一只也抓不到。"

其次，这个问题对你个人的影响有多大。为无家可归者或监狱改革这类重大事项挺身而出的确非常棒。但是，如果你认识的某个人需要你为他发声，这就是一个机会，你为他所做的努力他会了解得一清二楚。

值得你集中精力去关注的是你遇到的挑战，因为它们比公共事务更能影响你周遭的世界。否则，你就有可能成为帮助别人修水管，但自家水管却在漏水的水管工。

你不一定总要面对面、大声、公开地发声。对你来说，在写作中发声可能是最有影响力的，你可以通过发送信件或撰写评论，甚至可以写文章来影响人们。在公共场合演讲可能会影响到房间里的几十个人，而杂志上的一篇文章可能会被数百万人阅读。关键是，你的文章必须是原创的，表达方式要极具感染力，因为你在为那些不能为自己发声的人发声。不能为自己发声的人是什么样的人呢？

- 不能恰当地为自己说话的人，比如，受到欺凌、虐待或不公平对待的孩子（包括你自己的孩子），有着自己无法解决的医疗问题的老年人和残疾人，以及那些被边缘化的人。
- 处境艰难，没有办法去寻找解决方案的人。

- 在讨论中被排除在外的团队成员，发表的观点没有被重视的人。
- 处于高风险谈话情境的人，比如，在可能会影响整个家庭的问题上不能为自己争取利益的家庭成员。
- 任何被忽视，而你有能力帮助他们得到应得的关注的人。

当你既有热情又有发言机会的时候，你就是站出来发声的最佳人选。

为他人发声

你明确了应该为谁发声之后，接下来应该怎么去实现呢？既然要根据自身的情况和独特性找到方法，那就没有科学方法可言。但在这个过程中有一些你需要考虑的因素：

书写

如果你在书面交流方面比口头交流更有天赋，你可以考虑在适当的场合使用极具感染力的文字。比如，给有影响力的人发一封电子邮件或一份文档，这样你就成了中间人。不要把这理解为你没有勇气说出来所以才选择书写的方式，你这是在用自己最强的技能去施加影响。

倾听

在跟别人交流之前，不要贸然为他们发声。不要想当然地认为你知道他们的需求，花点时间问一问他们的想法。否则，你的解决方案可能无法满足他们的实际需求（还记得埃塞俄比亚的拖拉机吗）。

把注意力引到在他们的身上，而不是自己的身上

当你觉得有必要为别人发声时，把人们的注意力引到他们的身上，而不是你自己的身上。作为代替发声的人，你很容易会把人们的注意力吸引到自己的身上，这样被代替发声的人的声音就被忽视了。要让他们成为焦点，你自己需要后退一步。

授人以渔

正如那句古话所说："授人以鱼，不如授人以渔。"这意味着你不能只是暂时性地解决问题，而是要帮助他们培养为自己发声所需的技能。与他们交谈，了解他们的观点，这样你助他们培养的技能才是适合他们自身情况的。

与他们交谈，而不是谈论他们

一位老妇人躺在医院的病床上，她的医生和家人正在讨

论她的病情和接下来的诊疗方案。"不好意思，"她坚定地说，"我就在这里，我不是聋人。你们在谈论我的身体，所以请不要忽略我，直接跟我说吧。"这关乎的是尊严和尊重。（在得到允许的情况下）成为别人的发言人，可不能不让他们为自己说话，而是要让他们尽可能地表达自己的想法。你要做的是放大他们的声音，而不是用自己的声音取而代之。

讲述，但不要强势

你的职责是尽可能准确地说明被代替发声的人的需求。这意味着你为他们发声的时候要表示尊重。你可以立场坚定，但不要咄咄逼人。你希望自己的发声能吸引到对的人，而不是让人心生反感。

保持你的优势

在与人沟通方面，你最擅长做的是什么？你就用这个技能来发声。如果你回答问题的反应不够快，那就不要参与辩论。你可以提出问题，倾听对方的回答，然后为下一次谈话做准备。你越能做自己，在谈话中就越不会心生畏惧。

你不一定要有完美的答案，相反，你可以试着提出完美的问题来帮助你理解对方的观点。通过倾听和理解来建立信任，这为双方共同解决问题开了个好头。

对改变持开放的态度

在前面的章节中，我们讨论了两个人是如何坚信自己是"正确的"，因为他们都从自己的角度来看问题，一个人从房子的背面看，另一个人从房子的正面看。这导致了一场"谁对谁错"的争论，但毫无意义。

仔细聆听和提问，透过对方的视角看问题，不是为了改变自己的立场，而是为了阐明自己的立场。你可以请对方也这样做。一起努力解决问题，而不是看谁能"赢"，这能缓和你们的关系，建立起信任。有的人固执己见，但他仍然是错的，你怎么知道这个人不是你呢？

注重结果

当你为别人发声的时候，脑海中要有一幅关于想要达成什么目标的清晰画面。这么做能避免谈话偏离正轨，关注不那么重要的问题。试着就期望的结果达成一致，这样每个人都能专注于最重要的事情。

让发言成为一种生活方式

为那些自己不能发声的人发声，并不需要大的平台或是响亮的名号。人们经常会觉得自己无能为力，因为他们好高骛远。他们放弃是因为觉得没有人会听他们的。

你有独特的声音，这就是你的"超能力"。你可以做到以自己的方式为别人发声。不要等到你在任何情况下都能游刃有余时才有勇气去做，开始让它成为你日常习惯的一部分吧。当你注意到自己可以做点什么时，鼓起勇气迈出一小步。

例如，在一个工作会议上，团队中的大多数人围绕正在讨论的项目踊跃发言。你知道小组里有一个人（就叫她莎拉吧），她很安静，很少主动发言。但你也知道，她是个内向的人，思想深刻，通常会有一些好的想法。这时候你可以简单地说一句："我知道莎拉在这方面有一些经验。在我们做出决定、定下解决方案之前，我很想听听她的意见。"

你没有为她发声，而是给她创造了一个发声的机会。

每天关注你周围的事物。关注那些吸引你的注意力，并让你觉得"等一下，这不对劲"的事情。与其为自己什么都没做感到内疚，不如问问自己：我能做些什么来改变现状吗？

从小处做起，你的勇气会一天天增加。有需要的时候，你可以成为那个为别人发声的人。

这就是一个人可以改变世界的方式。

第15章 获取反馈

接受我的建议吧，我用不上它。

——佚名

如果人们可以对你进行评价，你会得到几颗星？

人们使用 Yelp 等在线点评应用程序来了解其他人对餐厅和服务的看法。如果评价不错，人们会考虑去试试。如果评价不好，人们就会避而远之。

我们都有自己的"偏好"餐厅，每当我们决定不了去哪里吃饭时，我们就会去那里。那里让人感到熟悉、自在，也很安全。也许那里的食物不是最好的，但菜品非常稳定。有时候食物可能有点不对劲，服务也有点不稳定，但我们很了解这个地方，知道这对我们来说只是糟糕的一天，下次会更好。

但如果有人在那个糟糕的日子第一次来到这家餐厅，他们可能会非常生气。他们会要求餐厅赠送食物、给他们免单，并且马上会在网上写个差评，以此来惩戒这家餐厅，避免其他人有同样的经历。

如果 Yelp 上有一个"人物"分类，人们可以在那里评价家人和朋友，会怎么样呢？他们会写些什么？这个评价是对人们长期表现的反馈，还是对最近一次不愉快谈话的冲动反馈？

- 我和约翰成婚多年。早些年，他满足了我对丈夫的所有期望。但近来他的表现大不如前，因为体验不好，我给他的评分降级了。我嫁给他是因为他的坚强、内敛，可现在他都不跟我说话了。在过去，面对社会上那些让他恼怒的事情，他有坚定的看法，这一点我很欣赏，现在他只会抱怨那些让他对我生气的事情。很遗憾，对我来说他不再是个称职的丈夫了。

- 你可能会认为，三年时间足够让一个人从错误中汲取教训并加以改正了。但比起别人的幸福，汤米似乎依然更关心自己的利益。他表现得越来越幼稚，在社交时始终以自我为中心，对我们的家庭几乎没有任何责任心可言。看着拥有五星好评潜力的他沦落到二星水准，真让人难过。我们暂时留着他，但我们很失望。

- 乔叔叔？他难以理喻。但我们一起度过的上个假期，他一次都没有大吵大闹。这是个奇迹，也可能是侥幸。但这足以让我给他的评价加两三颗星。

我们都希望别人喜欢我们，想得到五星评价是人之常情。如果我们得到一星评价，那就太糟糕了。这就是为什么我们更喜欢寻求正面反馈，并尽可能保护自己，不被负面评价影响的原因。不幸的是，这意味着虽然真相会让我们成长和进步，但我们不想听到它，我们只是乐于看到别人夸我们做的好事，这会让我们自我感觉更好。

取悦他人的关键策略之一就是努力让他人开心，以求得到正面评价，从而打造出自己的正面形象来保护自己不受伤害。

你能接受诚实的反馈吗

研究员兼作家卡罗尔·德韦克（Carol Dweck）博士描述了人们在生活中使用的两种基本的思维模式：固定型和成长型。这是我们用来决定如何应对生活的两副不同的镜片。

拥有固定型思维模式的人相信自己天生就有才智，所以他们一辈子都在证明自己。他们希望被视为是成功的、聪明的，希望被人接受而不是被人拒绝。所以他们会避开艰难的挑战，遇到困难就放弃。他们认为负面反馈是一种威胁，所以尽可能对它置之不理。

拥有成长型思维模式的人相信自己总能变得更好，他们不断学习，挑战对他们来说是成功的垫脚石，而不是路障。遇到困难时，他们会坚持而不是放弃。他们会积极地面对负面反馈，并把它们看作提升自己的机会。

反馈对于成长至关重要。虽然它并不总是让人感到舒服，但这是了解自己做得如何的最快方法。这就好比在社交活动进行到一半时你照了照镜子，发现自己的牙缝里塞着花椰菜，虽然很尴尬，但你会庆幸自己在这个时候发现了。

上周，我有幸面对一小群企业高管做了一次视频演讲。以前我做过成千上万次现场演讲，但很少做在线演讲。我想，一切都进行得很顺利，公司的 CEO 对演讲的效果表示非常满意。他把演讲视频发给我，以便我存档。

回看演讲视频时，我发现因为对着电脑屏幕，大部分时间我的眼镜都在反光。我在演讲时很注重眼神交流，因为这是与听众沟通的关键。可是因为眼镜反光，他们甚至看不到我的眼睛。

我的第一反应是，这毁了我的演讲，但事实上并没有。人们可能已经注意到了反光，但他们对演讲内容更感兴趣。虽然我希望这一切没有发生，但我很庆幸有这样一个成长的机会。以后我会采取措施来避免这种情况重现，我会成为一个更好的视频演讲者。

拥有成长型思维模式的人并不喜欢负面反馈，但他们会寻求负面反馈。他们明白，如果经常这么做，时间久了，他们会更容易得到真实的反馈，所以他们会想办法让别人觉得如实反馈是安全的。

经理们听说反馈是有价值的，所以会要求员工说出他们的想法。通常，没有人会说什么，或者他们只是说："没什么，一切都很好。"这可能不是事实。事实可能是他们觉得说出来不够安全。不够安全体现在哪里呢？

- 每当有人进行负面反馈时，经理会辩解或者找借口来回应。
- 员工们担心说了实话会有不好的后果。
- 经理要掌控局面，而员工对任何事情都没有发言权。
- 经理与员工之间缺乏信任。
- 经理有固定型思维模式。

在任何情况下，大多数人都不愿意给出反馈，因为他们不想伤害任何人的感情。通常他们不会说违心的话，但会尽量避免说出真相。幸运的是，寻求反馈有一个可以遵循的流程，能让人们觉得给出反馈是安全的。

如何了解真相

写到这里的时候，我意识到有些事需要我去做。

我们公司有一位负责我所在的大区的高管。她不是我的上司，但从广义上来讲我是她的团队中的一员。我和她共事多年，彼此都很了解，有着很深的信任，这是一种安全的关系。

这些年来，我从她以及她的团队中和我共事的人那里得到了很多正面评价，然后我意识到，我从未问过她关于我的负面反馈。我知道这样做很好，她会告诉我实话的。这是一个获得宝贵意见的机会，可能会对我的职业生涯产生重大影响。

但我不想这样做。我喜欢听好话，因为听到好话让我感觉很好。我很容易对好话上瘾，从而不想听对我有益的真话，就像吃冰淇淋上瘾，而不想吃甘蓝一样。

所以，我打算暂停写作，休息一下。我给她发一封邮件，内容如下：

我想请您帮个忙。我们共事很久了，相信我们彼此非常信任。您的团队成员也是我接触最多的。通常我从他们（和您）那里得到的反馈都是好的，没有负面的，但负面反馈能帮助我成长。他们要么对我没有负面反馈，要么就是没有告诉我。

您每天都和他们一起工作，更了解他们的想法（也能听到他们的抱怨）。我想要成长，想要变得更好。根据您的观点和经验，我需要知道些什么，也就是我的盲点在哪里？这个问题的答案能帮助我变得更有影响力，更有作为。

我重视您的想法。虽然我一点也不想听到负面反馈，就像我不想听到自己得了疟疾一样。但是，不了解实情，就无法成长。

人们说"一无所知是幸福的"，但我不想活在那样的幸福中……

好了，邮件已发出。我有点紧张。希望在本章结束时，我能让你知道结果如何。

言归正传。我们一直在讨论反馈的价值。它就像定期体检一样，可以改变你的生活。现在，让我们将重点锁定在本书的主题——沟通。我们在谈话时如何发现我们的盲点？高风险谈话可能具有挑战性，会让人感到不适，我们会保持"高度戒备"，以便让谈话顺利进行。

在大多数谈话中，我们通常不会注意到自己的表现。我们忙着整理我们的语言，尽量正确地表达出我们的观点。其他人可能会注意到我们的表现，但很少会给我们反馈。

要想知道他们在想什么，只有一个办法：问他们。

我们如何提供一个安全的情境，让他们愿意分享呢？有两个关键点：

1. 我们如何寻求反馈。
2. 我们如何回应反馈。

如何寻求反馈

如果人们在我们的沟通模式中发现了什么但不告诉我们，我们往往会认为自己没有任何问题。如果你去寻求反馈，就相当于去找一面镜子，看看牙缝里有没有花椰菜。

你要的不是他们的建议，建议更多的是他们觉得你该怎么做。你要的是他们观察到的东西，也就是站在他们的角度看到的东西。

一旦你了解了他们所看到的，你就可以决定该怎么做了。毕竟那是你自己的事。他们的任务只是有意识地观察你，给你正面和负面的反馈。

为了增加他们的安全感，你可以考虑以下建议：

提前做好准备。大到公司会议、演讲，小到家庭聚会，问问你信任的人，他们是否愿意在整个活动中观察你的沟通情况。如果你提前问，他们就会进入"观察模式"，以便能集中注意力观察你。

具体一点。不要只让他们观察，要让他们明确，关于你的风格、表达和其他人的反应，你想知道什么。不要说："让我知道我的表现如何。"而要说："注意我和别人交谈时说的话或做的事（肢体语言、面部表情、眼神交流），以及他们的回应。"让他们观察一两件事，而不是仅仅问他们："我做得怎么样？"具体一点，你会得到更好的回答。

正面反馈和负面反馈都要问。问一问："你有没有观察到在沟通过程中什么阻碍了双方的互动？我在沟通方面最大的优势是什么？"

询问他们是否觉得给出反馈是安全的。这个问题很简单，但很重要，你可以了解到他们在多大程度上能跟你坦诚相待。让他们自己选择是否参与观察和反馈。告诉他们，如果他们不愿意这么做，那没有关系，你去找别人帮忙也不难。

安排一次事后交流。找个时间见面，比如几天后一起喝咖啡。这样他们有时间思考如何用最好的方式分享他们的观察结果。

打分。如果他们同意帮助你了，就告诉他们你希望他们就观察到的情况，从 1 到 10 给你的沟通效果打分。然后问：

"如果我能在某个方面提高一分，那会是哪个方面？"你不是在征求建议，只是在寻找盲点。

如何回应反馈

安全感来自于良好的体验。人们可能愿意给你一次反馈，看看是否安全。如果顺利，将来他们会更愿意如实给你反馈。

当你回应他们分享的内容时，请牢记以下原则：

不做任何解释，只是聆听。 如果你为他们所反馈的情况辩解或找借口，说明你对他们的看法并不感兴趣。认真倾听，只为了弄清情况而提问。证明你只是想知道他们到底看到了什么。如果他们说得不是很明确或很具体，请他们举个具体的例子。

做笔记。 把他们告诉你的事记下来。这表明你尊重他们说的话，重视他们的观点。

感谢他们。 反馈对他们来说是有风险的，所以他们帮了你一个大忙。完成后，你要让他们知道你是多么重视他们的想法，他们给了你很多值得思考的东西。几天后，给他们寄一封感谢信，感谢他们付出的时间和关心。他们给了你一份礼物，所以你给他们寄感谢信是合情合理的。

不做评价。你可能会觉得，他们的观察因为受自身经历或背景的影响多少有点偏颇。这样的想法不可取，它很容易让你排斥你听到的东西，相反，你要保持开放的心态去寻找真相。

不要低估正面反馈。如果你觉得接受赞扬很难，请记住，它和负面反馈一样重要。不管正面反馈还是负面反馈，你想知道的只是他们的观察结果。当你审视听到的内容时，请记住，正面反馈和负面反馈一样真实，所以要学会平等地接受它们。

是时候成长了

如果你刚开始还不习惯应对反馈的话，可以尝试慢慢接受它。就像身材走形时去健身房锻炼那样，你会希望先从拉伸运动开始，而不是上来就做高强度的运动。你越寻求反馈，它就越会成为助力你成长的工具。

在没有其他人可以帮你的情况下，有一个简单的自己给自己反馈的方法：想办法录下你和他人的互动。在社交活动中，把手机放在一边，录5~10分钟的视频。你会看到不经意间发生了什么。不过要小心，别高估自己。因为当我们观察自己时，几乎总是关注表现不好的一面，而忽略了做得好的一面。这是一个让"观察者"参与进来的好时机,他们可以确保你看到自己的两面。

正如作家肯·布兰佳(Ken Blanchard)说的那样:"反馈是冠军的早餐。"如果你想快速培养沟通技巧,那就开始准确地了解自己吧。

让反馈成为你最好的朋友。

· · ·

顺便说一句,我的高管朋友告诉我,她最近没有收到任何关于我的反馈。她说,这是个好迹象,因为这意味着"没有消息就是好消息"。她看到我为了成长主动跟她沟通,非常高兴,并愿意去跟她的团队中不同的人聊聊。"如果我们发现任何需要注意的地方,"她说,"我一定会以一种容易理解并且对你有帮助的方式告诉你。"所以我的心还没有完全放下来,但我感觉很好,因为我俩都明白反馈的真正价值。

第16章 为什么变化能成为你最好的朋友

如果你不喜欢现状，那就改变它！

树挪死，人挪活。

——吉米·罗恩

我的高中同学聚会原定在下个月举行。这是一次大型聚会，我从十年前的那次聚会结束之后就一直期待着。但因为新冠疫情，聚会被无限期推迟了。

我很沮丧，很失望，很难过。我想参加聚会，因为过去我曾错过其他的同学聚会。我看到了那些计划参加者的名单，其中有我很想再见到的人，有普通朋友，有好朋友，也有最好的朋友。名单上有些我印象模糊的名字，还有几个我喜欢过的女生的名字（但我从来没有告诉过她们）。这些年来，我们失去了一些朋友，其他的朋友似乎也销声匿迹了。我不想错过和同学叙旧，了解彼此这些年来的经历的机会。

聚会计划的改变引发了我的思考。为什么一次同学聚会对我们的影响如此之大？是什么让我们如此努力地减肥，想让自己看起来很成功，想给多年没见的人留下深刻印象？我知道有些人因为觉得自己生活窘迫而不想参加聚会。

当我回想起我的一些朋友时，我记得的仍是他们过去的模样，而不是现在的样子。他们记得的也是以前的我。尽管我们现在更现实了，但我们还是会把彼此想象成同学时期的那个模样。

生活将我们带向新的地方。我已经不再是高中时的那个我，我的同学们也一样。我们都已经变了。

变化一直在发生

谈到多年不见的朋友，我们很快就会意识到生活的各个方面都发生了多么大的变化。过去的你我和现在的你我是不一样的，这是常识。每个人都有自己的生活，它刻画出我们多年来走过的路。

和这些老朋友在一起，有很多事情可以聊，因为我们可以探索他们走过的路。我们想知道他们的近况，他们都经历了什么。话题总是围绕着大家这些年的变化。和老朋友交谈可能比和我们每天见到的人交谈更容易，因为我们已经知道了现在的朋友的故事。我们跟他们在一起的时间太久了，以至于我们看不到变化的发生。只有在我们回顾过去并与过去比较时，才会注意到变化。

大家都能回想起生活中那些让我们的思考和行动方式突然改变的事件。这些事件之所以在脑海中挥之不去，是因为它们影响了我们，改变了我们前进的轨迹。与此同时，我们却很容易忽视那些让我们稍稍调整了前进方向的众多微小事件。我们聆听讲话，从朋友那里得到他们随口提的建议，在长跑时灵光闪现，甚至在穿过公园时发现自己的视角有了改变。这些小事件使得我们的思维方式和以前略有不同。我们有时会注意到这种改变，有时则不会。我们每天都因为当天的经历而有所不同。

尽管这些微小事件带给我们的信息通常不易察觉，但它们要么让我们变得更好，要么让我们变得更糟，要么给我们鼓励，要么让我们沮丧。久而久之，我们应对发生的事情时做出的所有选择，决定了我们成为怎样的人。

当我们假设人们没有任何改变时，我们对待他们的方式会和上次交谈时完全一样。不管上次谈话是三天前还是30年前，那都是我们最后一次接触，所以没有任何新的信息告诉我们情况不同了。

问题是，自从上次谈话以来，他们已经不再是过去的他们了，我们也一样。至少从某种程度上来说，我们是在和一个新的人交谈。如果不把这点考虑进去，就较难实现有效沟通。

父母和他们的成年子女之间也是如此。因为子女们在家里度过了成长岁月，父母觉得自己比任何人都更了解他们，即使他们已经长大成人，独立生活。一旦离开了父母的视线，子女们会在事业、人际关系和生活方式上做出自己的选择。他们和朋友、同事建立了全新的人际关系网，而父母与这些人从未谋面，对他们也一无所知。子女们的这些经历显然让他们变成了和在家里时不一样的人。父母并没有看到这一切，所以认为子女们处理生活问题的方式和他们在家时一样。

我认识一位父亲，女儿四十多岁，结婚二十多年，婚姻美满。女儿和她的丈夫住在美国的另一边，孩子们也十几岁了。这位父亲和女婿的关系很好，但他经常说自己更了解女儿。当女儿表达了和女婿不同的意见时，他会说："她总是很固执。"女儿和女婿结婚多年，已经在交流中学会了如何坦诚相待，这让他们可以安全地分享自己的真实感受。但这位父亲并不清楚女儿的变化，认为女儿还像儿时那样固执。

如果我们对每一次谈话都带着对新鲜事物的好奇心，我们的关系会发生怎样的变化？如果我们想，我要和我认识的某个人谈谈，他现在和我们上次谈话时不一样了。我想知道他有什么变化。我会更期待了解他"当下"的情况，而不仅仅是谈论天气。

同学聚会时很容易做到这一点，因为大家的变化很明显。我们渴望发现变化。和我们周围的人在一起时就很难，特别是当我们一起生活时。我们觉得：我当然很熟悉他们，我们每天都见！但是，就像我们会遇到那些改变我们思维方式的短暂时刻一样，我们永远不知道对方什么时候也有过类似的时刻。他们的观念可能发生了很大的改变，而我们却没有意识到。

这是值得探索的。这并不意味着我们要问我们的孩子："你今天有什么不一样吗？"这意味着我们跟他们沟通时要有这样的思维模式：他们的变化比我们意识到的更多（尤其对于十几岁的孩子来说），我们只是通过陪伴他们走自己的路来建立亲密关系。

举个例子，假设你和你十几岁的儿子进行了一次谈话，他分享了他对一些问题的想法。在过去的几周里，这个问题可能已经解决了，但现在他又有了完全不同的想法。他可能没想要让你知道这个变化，所以我们还是不要对实际发生的事情想当然为妙。

变化的影响

我们的一生中罕有一成不变的时候。绝大多数时候，我们要么变得更好，要么变得更糟。每个人都有自己的生活，我们对待它的方式决定了我们会成为怎样的人。

人们在年轻时期通常喜欢有所改变。当然也有例外，但这个时期是令人充满期待的时期。人们不想止于现状，而是寻找机会成长，尝试不同的东西。他们看到了众多机会，觉得探索各种可能性令人兴奋。他们对未来充满希望。

人到中年，积极寻求改变似乎不太现实，因为处在这个时期的人需要承担一系列的责任。人们要支付账单，抚养孩子，保住工作，还要维系关系。看起来改变的唯一吸引力，就是能让人从不堪重负和过度劳累中解脱出来的那一刻。人们常常会觉得自己陷入困境，和生存相比，个人成长和影响力是次要的。他们很想做出一些改变，但又觉得实际情况不允许。

当他们年纪大了，会感到遗憾。他们觉得自己已经做出了选择，现在却受困于选择的结果。他们已经放弃了改变，因为接受自己在生活中的角色更容易。比起改变世界，他们更关心怎么改变住宅布局。他们对皱纹和日常生活习以为常，失去了目标感。他们认为自己没再改变，但他们其实每天都在改变，即使是慢慢朝着越来越愤世嫉俗的方向退化，也是改变。

想一想，今天的你与上个月的你相比有什么不同。你可能看不到巨大的变化，但你已经是不同的你。你学到了以前不知道的东西。与他人的谈话，让你有了不同的观点。所有你读过、看过和听过的东西，都逐渐让你变得与以往不同。

这就像在滚筒抛光机中的石头，不是一朝一夕就能完成高度抛光的。把石头和一些粗砂一起放进滚筒，日夜不停地转动一周或更长时间，慢慢打磨掉石头粗糙的棱角，使它们变得光滑。接下来的一周用中沙，再往后用的沙越来越细。如果你在滚筒转动两分钟后就取出石头，你看不到它有什么变化，但变化正在发生。

同样地，在生活的慢慢"打磨"之下，我们也会变得不同于以往。这种变化会出现在每个人身上，但它出现得很缓慢，很难被察觉。我们没看到变化的发生不意味着它没有发生。

今天你可以尝试一个练习。留意生活中发生的每一件事：你读到的东西，进行的谈话，身边发生的事件，以及你随时随地冒出来的想法。记下任何让你产生不同想法或改变观点的东西。不一定是大事件，只要能让你有所变化即可。

在一天将要结束时，回顾这份清单，问自己：有了这些想法，我和今天早上的自己有什么不同？将来我的想法会有什么不同？我的态度会如何改变？我的行为和选择会如何改变？

换句话说，明天的我和今天的我有什么不同？你可能会惊讶于一天之内发生的事情如何让你在一夜之间改变。你的新的一天是从和昨天略有不同的地方开始的。

每天的你都是新的自己。你的想法不同，反应不同，行为也不同。这意味着你的沟通方式也有所不同了。

有意图的谈话

大多数人在谈话时都抱着美好的期望，然后我们开始对话，观察对话的走向。有时候谈话进行得很顺利，舒服又愉快，我们只用分享自己的想法就行。在其他时候，谈话变得具有挑战性，我们期望的可不是这样。也许当时我们没有勇气提出一些需要讨论的事情。也许我们说了一些不该说的话，过后觉得后悔。

如果我们在日常对话中，只带着一个简单的目的，就是找出对方和我们上次谈话时有什么不同，会怎么样呢？我们在谈话时不必拘泥于条条框框，只需有意图地筛选出和上次不一样的东西。有意图意味着我们要找一些特定的东西。这需要我们仔细倾听，然后就听到的内容提出问题，以便理解透彻。

当有人告诉你他们的经历或听到的事情时，去挖掘其中的故事吧。

"再给我讲讲。"

"关于这个，你是怎么想的？"

"这件事是如何改变你的观点的？"

这样做的最大好处是每次谈话都会变得更自在。这样的简单问题可以给你带来新的话题，因为你清楚地知道他们发生了什么变化。他们会觉得自己被倾听、被理解，你们之间建立起了信任。有了信任，你就更容易有勇气提出本来可能会被回避的问题。

换句话说，要想在谈话中更具勇气，你能做的最重要的事情就是和对方建立信任。对于这一点你并不总是能做到，尤其是在不管有没有和对方建立起关系，你都需要在当时为某件事挺身而出的时候。但我们的日常对话大多是和与我们经常互动的人进行的，他们是我们最想信任的人。

这是一种新的思维模式，即意识到每个人每天都在改变。高中的时候和朋友在一起时，我们会认为几十年后大家都会变样。我们确实在变样，但那是因为这几十年里，我们每天都在发生细微的变化。

兑现聚会之约

当我想到在班级聚会上看到的各种变化时，我意识到有几个因素能够应用到我所有的人际关系中：

- 高中的时候，我们一起嗅探着成年的气息。我们和父母一起居住，但会初探成年人的世界。我们希望宵禁的时间延后，但又希望到家后父母能安顿我们。我们每天都在改变，我们都知道这一点。

- 我们一起走过高中的日子。面对现实生活的水潭，我们用脚趾试了试水。我们不敢跳进水潭，但跟朋友们一起下水的时候，我们有了勇气。我们有梦想，并且会鼓励彼此要相信梦想会成真。对梦想的追求让我们变成了不同的自己。

- 一旦我们跳进了现实生活的水潭，我们就开始朝着不同的方向前进。毕业后，我们试图保持联系，但我们发现，各自的爱好让我们走上了不同的道路。我们不再是过去的我们了，但这没什么。

- 我们将永远和一起走上改变之旅的人保持着联系。无论我们去向何方，他们在我们心中永远有一个特殊的位置，因为我们曾在起点携手。

- 如果我们不再是最好的朋友也没关系，因为我们是不同的人，有着不同的价值观，优先考虑的事情也不同。我们在某一段时间是旅伴，所以我们会一直对这段共同拥有的时光和回忆心存感激。现在，我们都不同以往了。

- 聚会让我们有机会感谢那些早年的好友为我们所做的一切，聆听彼此改变的故事，庆祝我们处在一生中独一无二的位置。

虽然同学聚会后我们又将会各奔东西，但它让我们有机会谈谈彼此的变化，聊聊早些年的我们是什么样子的，也有机会为自己在青春期做过的不友善的事道歉，有机会感谢别人给我们的生活带来的价值，并更好地向前迈进。

我想念我的老友们，希望今年我们能重聚。我不想只是在毕业手册上看到他们的照片，我想听听他们的故事，为我们能一起走过一大段人生之旅而心存感激。

我想了解彼此的变化，以及我们未来将如何改变。

他们有变化，我有变化，这不是很棒吗？

如果我们拥抱变化，它就可以改变一切！

写在最后

你准备好进行沟通了吗？

在本书中，我们探讨了交谈中遇到的挑战：

- 为什么说出来如此艰难，以及如何为了更有影响力而暂缓开口。
- 如何以完全符合我们的独特性的方式变得更自信。
- 学会带着关怀去对抗。
- 如何将畏惧转化为自信。
- 沟通的细节及技巧。
- 如何通过别人的反馈和提出正确的问题来磨炼我们的技能。
- 从零开始培养新技能。
- 为他人挺身而出。
- 在交谈中有意识地去实现想要达到的具体目标。

这本书本来也可以写一系列能让我们变得更有力、更大胆的建议和技巧，但如果它们与真实的自我不匹配，就起不到任何作用。相反，我们专注于如何利用能让我们的沟通具有影响力的强大的资源——我们的独特性。不是去模仿别人的做法，而是尽可能成为最好的自己。

当实现目标的步骤足够小的时候，信心就容易建立起来。日积月累地坚持，你会对自己培养出的技能感到惊讶，没有人能用同样的方式做到这些。

你准备好踏上学习之旅了吗？

你要明确想要的沟通是什么样的。仔细想想前面的旅程，回顾本书的每一章，根据需要逐章研究，直到它成为你工具箱里的一部分。

哪一部分最精彩？如果你带着意图迈出每一步，你会在旅途中找到乐趣。这不会是一件让人觉得不可能实现的事情，因为它与你一直以来的沟通方式是大相径庭的。你会看到自己在稳步成长，你会开始相信，只要做你自己，你就可以在这个世界上大有作为。

那么，今天你打算怎么发挥呢？你将如何用大脑一区来学习、成长或有所作为？又如何用大脑二区来改变你的生活方式？

这是一段伟大的旅程，你现在就可以开始！

致　谢

　　每本书最后的致谢一直是我最喜欢写的部分。这让我有机会去回想那些在我完成作品的过程中，陪我前行的人，并向他们说声谢谢。这样做对我的身心都有好处，因为它提醒我，写作从来都不是一个人的旅程。

　　书是我一个人写出来的，但我周围有一大群人给我提供了有价值的素材。他们中的许多人跟我见面时可能会担心，因为他们知道一起喝咖啡时说的话可能会在我写的书里出现。他们的担心没错，不过我不是为了记录他们说的话，而是因为这些话引发了我的思考。

　　格伦（Glenn）和拉娜·梅多斯（Lana Meadows），保罗（Paul）和维基·吉兹（Vickie Gizzi），还有罗恩（Ron）和琳达主教（Linda Bishop），他们都给我提供了很多素材。他们是我和我的太太在生活中接触最多的人，他们的照顾和关心帮助我们塑造了自我。在他们有意的影响之下，我们逐渐成为更好的自己。

杰瑞米·多尔斯（Jeremy Dorse）是我的朋友，每个人都需要一个像他这样的朋友。他向我提出质疑，也相信我。他是真诚的，他的影响力渗透到我的生活中，让我写出不一样的作品。

作为智囊团的一员，我和其他创作者的生活紧密相连，我们一起踏上了这段旅程。杰夫·戈因斯（Jeff Goins）把我们召集在一起，邀请我们用自己的文字默默改变世界。在这样的背景下，我们很容易相信这是可能实现的。

然后是薇琪·克朗普顿（Vicki Crumpton），我的七本书在她的编辑下，比原来更好。和编辑保持高度信任的关系，把文字交到她手里永远没有风险，这让人感到神清气爽。我们之间是完美的合作关系，如果她退休了，您可能就不会买我的书了。她就是那么厉害。

我的儿孙辈对我的生活产生的巨大影响总会令我感到惊讶。和他们在一起是一大乐事，但不止于此。透过他们的观点和想法，我可以清楚地听到"上帝"的声音，他们各自的特点最终都会呈现在我的作品中。我学会了倾听，因为他们影响着我的世界。

我希望我能找到言语来形容和最好的朋友结婚44年的那种纯粹的快乐。这一部分是因为"上帝"一直如此仁慈，让我和黛安能够结为夫妻，另一部分是因为我们在这段关系中的全心投入，努力成长。我们一直爱着对方，我们也仍然喜欢着对方。

我还要感谢我见过和交谈过的所有人，和他们的沟通为我提供了写作的灵感。我很感激每天能和真诚的人交谈。

所以，感谢你们，非常感谢。

没有你们，我无法完成这一切！